LAONIANREN
SHEHUI CANYU DE QINGJING YU XINGWEI

老年人
社会参与的情境与行为

马健囡 著

图书在版编目（CIP）数据

老年人社会参与的情境与行为 / 马健囡著. —北京：知识产权出版社，2019.6
ISBN 978-7-5130-6182-7

Ⅰ.①老… Ⅱ.①马… Ⅲ.①老年人—社会管理—研究 Ⅳ.①C913.6

中国版本图书馆CIP数据核字(2019)第057294号

内容提要

本书从行为学视角构建了老年人社会参与的情境-行为匹配发展分析框架。一方面，描绘了老年人社会参与的情境，包含客观环境、文化氛围和关系网络特征。另一方面，观察与情境相匹配的行动逻辑，包括参与逻辑、操作逻辑。本书将老年人的社会参与视为一种动态行为逻辑过程，通过深度访谈、实地观察和调查问卷等研究方法，探讨老年人社会参与的发生与具体形态，并提出相关政策建议。

责任编辑：高　源　　　　责任印制：孙婷婷

老年人社会参与的情境与行为

马健囡　著

出版发行	知识产权出版社 有限责任公司	网　　址	http：// www.ipph.cn	
电　　话	010－82004826		http：// www.laichushu.com	
社　　址	北京市海淀区气象路50号院	邮　　编	100081	
责编电话	010－82000860转8701	责编邮箱	laichushu@cnipr.com	
发行电话	010－82000860转8101	发行传真	010－82000893	
印　　刷	北京建宏印刷有限公司	经　　销	各大网上书店、新华书店及相关专业书店	
开　　本	720mm×1000mm　1/16	印　　张	13.25	
版　　次	2019年6月第1版	印　　次	2019年6月第1次印刷	
字　　数	170千字	定　　价	68.00元	
ISBN 978-7-5130-6182-7				

出版权专有　侵权必究
如有印装质量问题，本社负责调换。

目　录

第一章　导论 ·· 001
　　第一节　问题的提出 ·· 001
　　第二节　关于老年人与社会关系研究的文献回顾 ············· 003
　　第三节　研究方法与路径 ······································ 012
第二章　情境-行为分析框架对老年人与社会关系的阐释 ········ 017
　　第一节　老年人社会参与价值之争 ···························· 017
　　第二节　情境的作用 ·· 023
　　第三节　老年人社会参与中的情境-行为匹配发展框架 ······· 027
第三章　个体情境中的老年人社会参与 ···························· 040
　　第一节　老年人社会参与个体情境 ···························· 040
　　第二节　个体情境中的行动逻辑 ······························· 056
　　第三节　案例分析：影响社会参与程度的个人因素 ·········· 062
第四章　家庭情境中的老年人社会参与 ···························· 068
　　第一节　我国城市老年人家庭情境现状 ······················· 068
　　第二节　家庭情境中的行动逻辑 ······························· 074
　　第三节　群体案例：闲暇而不优越的"50后" ················ 082
第五章　社区情境中的老年人社会参与 ···························· 086
　　第一节　城市老年人社区情境现状 ···························· 086

第二节　社区情境中的行动逻辑 ································· 105
　　第三节　案例分析：异地社区养老者的阶段性参与 ············ 117

第六章　国家情境中的老年人社会参与 ································· 124
　　第一节　老年人社会参与的国家情境 ···························· 125
　　第二节　国家情境的行动逻辑 ····································· 145
　　第三节　案例分析：老年人正式活动的基层参与 ··············· 148

第七章　研究发现与政策建议 ·· 157
　　第一节　研究发现 ·· 157
　　第二节　对研究发现的解读 ·· 169
　　第三节　情境-行为框架下提升老年人社会参与的对策建议 ··· 176

参考文献 ·· 185

附录 ·· 194
　　附录1　调查问卷A：城市老年人社会参与态度及意愿问卷调查 ···194
　　附录2　调查问卷B：中年人社会参与态度与体验情况调查 ········202
　　附录3　访谈提纲 ·· 204
　　附录4　访谈对象编号列表 ··· 205

第一章 导　　论

第一节　问题的提出

　　人口老龄化是全球性的趋势，几乎每一个国家60岁以上人口的增长速度都比其他任何年龄组快，原因很简单——人们的预期寿命更长，但生育率在不断下降。据预测，到2050年，全世界60岁以上人口数量的占比将增至22%，从6.05亿增长到20亿❶，占世界总人口的1/4。老龄化将成为社会发展的常态，人口的基础性变化将会对现有生活节奏、治理模式、社会观念造成巨大冲击。因此，社会必须做出调整，最大限度地增强老年人的行动能力，重塑社会结构。

　　人口老龄化是公共卫生政策和社会经济发展的成就。老年人作为家庭成员、志愿服务者和劳动大军，曾为社会建设和发展贡献了重要力量，他们在人生历练中获得的智慧和经验，能够为现代社会的发展提供很多建议和指导。然而，衰老总是一个不受欢迎的话题。老年人参与社会的难度，透视出我们对发生在人们70岁、80岁，甚至90岁之后的身体、精神、经济状况、知识储备、社会地位等情况不再适合参与当下的社会活动的认知。美国学者罗伯特·巴特勒早在1967年就创造了老龄歧视（Ageism）❷

---

❶ 世界卫生组织.2013年世界卫生报告：全民健康覆盖的主要内容[EB/OL].(2013-09-16)[2015-01-02].http://www.who.int/whr/2013/main_messages/zh/.

❷ BULTER R N.Ageism: another form of bigotry [J]. Gerontologist, 1969(9): 234-246.

一词，用于描述整个社会对老年群体采取的一种消极态度，或者是一种误解、世俗偏见。这种看法将年龄作为划分群体的依据，将某些特点强加于老年群体身上，把整个老年群体排除在社会经济、政治、文化的主体交流之外。美国经济学家罗伯特·德雷克将老龄化社会的到来称作"无形的革命"，称其影响波及国家的财政、企业的经营乃至个人的生活方式。政府、企业、家庭和个人都已经意识到这一问题，但并没有真正了解促使社会结构、社会秩序及价值观转变的老龄化的巨大能量。

"积极老龄化"成为很多在老龄化上先行一步的西方国家处理代际冲突、老龄经济、医疗卫生、产业结构和社会保障等种种问题的公共政策框架。"积极老龄化"在2002年联合国第二届世界老龄大会上被首次提出，"促进老年人社会参与和发展"成为应对人口老龄化首要解决的问题❶。在各个领域，人们正在以各种方式做着努力，但各种促进老年人参与社会的尝试和做法还较为分散，尚未作为整个社会的系统问题来对待。目前的关键问题是，如何超越个人、部门和地区的局限，取得整个社会的一致认同，形成促进老年人社会参与的大环境。

2013—2016年，笔者对广西、河北、福建等省不同类型社区的老年人社会参与情况进行了调研。调研主要涵盖四项内容：一是个体老年人社会参与的意愿、方式；二是家庭环境与家庭内部代际关系对老年人社会参与的影响；三是社区老年人参与的非正式制度、观念、设施条件；四是老年人社会参与的国家政策落实情况和实际效果。调查显示，老年人受来自自身条件、家庭、社会群体观念态度、社区环境、国家宏观政策等多方面因素的影响，从而产生动态性的、自适应性的行为逻辑变化。现有对老年人社会参与的研究多包含于西方老年人社会学理论体系内，基于西方高度自治或成员关系较为松散的家庭与社区背景文化下，较少讨论自上而下社区

---

❶ 联合国经济及社会理事会. 2002年老龄问题国际行动战略 [R]. 纽约：联合国社会发展委员会，2001-12-10.

治理体系下的、具有长者权威和紧密家庭社区环境背景的老年人社会参与行为逻辑。老年人社会参与不足并不能简单地归咎于社会基础设施供给不足或是供给链不畅通，因为在我国社区情境下，社会中的个体一般按照工作岗位、职责赋予的规则做出行动，而脱离了工作岗位的老年人，群体参与行为的驱动力不足，在此前提下如何塑造自身因素、家庭因素、社区环境因素和国家政策因素来激励老年人的社会参与，是本书关注的焦点。

本书认为，情境与行为相匹配是激发和维持老年人社会参与的内在动力。本书以处在解构中的单位型社区、候鸟型社区、新型自治小区、松散城中村小区等丰富的社区实际类型为样本，分析在严密家庭关系、社区人际关系下的老年人参与自组织活动和正式活动的需求与行为模式，回答以下两个关键问题：

第一，个体情境、家庭情境、社区情境和国家政策情境如何影响老年人社会参与的行动策略？

第二，我国促进老年人社会参与的政策实施效果如何？老年人社会参与应该如何设计和进行？

第二节 关于老年人与社会关系研究的文献回顾

20世纪40年代，美国著名社会学家欧内斯特·W.伯吉斯最先将象征性互动理论（Symbolic Interaction Theory）中的"社会参与"概念引入老年研究领域[1]。在国外，"社会参与"已经被广泛用于卫生和社会照护学[2][3]，它被

---

[1] 戴维·L.德克尔.老年社会学[M].沈健,译.天津：天津人民出版社,1986:1.

[2] LAW M. Participation in the occupations of everyday life [J]. The American Journal of Occupational Therapy, 2002, 56(6): 640-649.

[3] ERIKSSON L, GRANLUND M. Conceptions of participation in students with disabilities and persons in their close environment [J]. Journal of Developmental and Physical Disabilities, 2004, 16(3): 229-245.

认为能够对老人的健康和获得幸福感有所帮助❶。很多学者将社会参与作为衡量老年人健康度、幸福度和社会表现积极度❷❸❹的指标。1960年，社会参与作为判断残疾人的健康指标首次出现在国际损伤与残障分类指标（International Classification of Impairment, Disabilities and Handicaps, CIDH）里。随着世界人口老龄化的加剧，WHO（世界卫生组织）把老年人的社会参与视为健康老龄化的关键指标❺。联合国在《2002年马德里老龄问题国际行动计划》中，把"独立、参与、照顾、自我实现、尊严"确立为21世纪老龄问题行动计划的基本原则，老年社会参与被正式纳入全球"积极老龄化"发展战略，成为应对21世纪人口老龄化的政策框架。

老年人社会参与在国际上仍缺乏一个被普遍被接受的定义❻，学者大多从四个角度阐释其内涵❼：

（1）指老年人对各种社会活动、社会团体的介入程度。例如Levasseur在社会活动水平分类中，对老年人社会参与的程度（卷入度，Involvement）判断进行了阐述（见表1-1）。

---

❶ WORLD HEALTH ORGANIZATION. Geneva: World Health Organization [R/OL]. [2012-4-20]. http://www.who.int/.

❷ S RENSEN LV, WALDORFF F B, WALDEMAR G. Social participation in home-living patients with mild Alzheimer's disease[J]. Archives of Gerontology & Geriatrics, 2008, 47(3): 291-301.

❸ HYYPP M T, M KI J. Social participation and health in a community rich in stock of social capital [J]. Health Education Research, 2003, 18(6): 770-779.

❹ CATTELL V. Poor people, poor places, and poor health: the mediating role of social networks and social capital [J]. Social Science & Medicine, 2001, 52(10): 1501-1516.

❺ LEVASSEUR M, RICHARD L, GAUVIN L, RAYMOND E. Inventory and analysis of definitions of social participation found in the aging literature: proposed taxonomy of social activities [J]. Social Science & Medicine, 2010, 71(12): 2141-2149.

❻ PI KUR B. Social participation: redesign of education, research, and practice in occupational therapy [J]. Scandinavian Journal of Occupational Therapy, 2013, 20(1): 2-8.

❼ BARBARA PI KUR, RAMON DANI LS, MARIAN J JONGMANS. Participant and social participant: are they distinct concept? [J]. Clinical Rehabilitation, 2014, 28(3): 211-220.

表1-1　Levasseur M社会活动的分类水平说明及举例❶

参与等级	对参与水平的描述	举例说明社会卷入程度
一级	做出与他人联系的活动准备	准备参加一个老年兴趣小组,阅读相关宣传资料,了解报名方法
二级	被他人所围绕	坐地铁或火车去兴趣小组上课
三级	与他人语言交流	与其他人讨论课程,可以通过面对面交流、电话、微博、网络、手机短信等形式
四级	参与一个活动	与其他老年人在某个兴趣班完成全程学习
五级	帮助他人	在老年摄影兴趣班教他人摄影
六级	参与社区建设,承担责任	成为一个积极的兴趣班成员或加入社区委员会积极策划开办老年兴趣班

一级层次表现为对活动的兴趣和有意识地增加对活动信息的了解,第二级程度是能够在被他人包围的环境中生活,第三是能够与他人进行交流与沟通,这三个层次是大多数老年人都能够达到的。从第四级开始,老年人的社会卷入达到一个新的水平,因为第四级衡量老年人能够为社会参与付出的时间和精力的多少,甚至无私奉献和承担责任的多少。从低层次的参与到高层次的参与需要内部因素和外部因素的共同推动,在第二章中笔者将利用卷入度理论对促使老年人迈进更高程度的参与进行深入分析。

（2）指由正式的和非正式的社会角色所组成的多维体。老年人在适应社会环境和自身变化时产生角色调试的需求,积极的社会参与、寻求新的社会角色能够帮助老人适应老年期所必需面临的重大角色转变。例如,谢布鲁克大学老年研究中心认为社会参与就是个体当前所进行的活动和所扮演的社会角色❷。与老年人社会活动有关的联系非常广泛,这种定义方式

---

❶ LEVASSEUR M, RICHARD L, GAUVIN L, RAYMOND E. Inventory and analysis of definitions of social participation found in the aging literature: proposed taxonomy of social activities [J]. Social Science & Medicine, 2010, 71(12): 2141-2149. 经作者改编整理。

❷ MARK ZBOROWSKI, LORRAINE D, EYDE. Aging and social participation [J]. The Jorunal of Gerontology, 1962, 17(4): 424-430.

将老年人的日常活动如户外运动、用餐、情感交流等也包含在内,将老年人社会参与的界限模糊化,在现实中难以把握。

(3)指个人和他人一起参加的活动。例如,日本学者将活动分为"社会奉献类活动"和"社会参与类活动"两大类,均指老年人同社会中的其他成员在活动中发生联系的过程。

(4)指在社会层面对个人资源的分享,积极参与关于健康、政策、规划、护理、治疗和社会福祉的决策是老年人社会参与的核心[1][2]。例如,Bukov、Maas 和 Lampert 等人认为社会参与是一种社会导向下的与他人分享资源的行为。被分享的资源可以是时间、特殊才能和资历等。这样就把社会参与从类型上分为生产性社会参与(即为他人提供劳务、商品及其他利益)和政治性社会参与(即关于社会团体和资源分配的决策行为)等。Koster 和 Nakken 等人认为社会参与可以发生在一个微观层面(如合作伙伴交付的护理),中观层面(如参与服务和信息规划)或宏观层面(如卫生系统)[3]。

从国外学者的研究中可以发现,老年人社会参与有三个要点:第一,外部性。强调老年人与社会之间的互动关系,指在社会公共层面发生的参与行为,因此,家庭内部活动、个人活动不应算在内;第二,互动性。强调参与过程中与他人发生联系,这种联系可以是信息的交流、利益与知识的交换,但个体内在的心理活动和感情变化不算在内;第三,价值性。老年人社会参与是体现价值和具有一定社会意义的活动,通过活动能够获得

---

[1] BATHGATE T, ROMIOS P. Consumer participation in health: understanding consumers as social participants[M]. La Trobe University: Institute for Social Participation and Health Issues Centre, 2011.

[2] BOOTE J, BAIRD W, BEECROFT C. Public involvement at the design stage of primary health research: a narrative review of case examples [J]. Health Policy, 2010, 95(1): 10 - 23.

[3] KOSTER M, NAKKEN H, PIJL SJ, VAN HOUTEN E. Being part of the peer group: a literature study focusing on the social dimension of inclusion in education [J]. International Journal of Inclusive Education, 2009, 13(2): 117 - 140.

社会效益或是满足自身目的性，对社会无意义或是对他人利益有所损害的行为不算在内。

我国对老年人社会参与内涵的理解具有较高的价值性要求。杨宗传、张恺悌、姚远、王莉莉等提出"社会参与是指参与者在社会互动过程中，通过社会劳动或社会活动的形式，实现自身价值的一种行为模式"❶❷❸。王莉莉提出老年人的社会参与可以是有偿的，也可以是无偿的，关键是他能够在社会互动的过程中实现自身价值。段世江认为社会参与是指在社会层面对个人资源的分享❹，实现"满足自身需要并回应社会期待"❺，强调社会层面的、与他人发生联系的、老年人在其中扮演重要角色的属性。邬沧萍也认为老年人社会参与中包含极高的价值性要求，老年人的社会参与就是参与社会的物质文明建设和精神文明建设，具体如政治层面的参政议政、经济层面的再就业和文化层面的参与社区活动等❻。

过分强调老年人社会参与的社会价值意义就难免将老年人社会参与同"老有所为"概念混淆，目前很多学者将"老年人社会参与""老有所为""积极老龄化"的概念混用，主要是由于国内关于老年人社会参与的研究是从政府"老有所为"的理念中逐渐发展而来的。杜鹏指出"老有所为"和"老年人社会参与"存在差异，"老有所为"强调老年人对社会的贡献，同时强调老年人个体所"为"包括参与生产性的社会活动，志愿服务、就业、照顾他人、辅导孙辈等活动，以使老年人生活得更加幸福、更有尊

---

❶ 杨宗传.再论老年人口的社会参与[J].武汉大学学报(人文社会科学版),2000(1):61-65.

❷ 张恺悌,段成荣.老年人的社会活动和思想政治状况[C]//中国城乡老年人口状况一次性抽样调查数据分析.北京:中国标准出版社,2003:38-43.

❸ 张恺悌,姚远,等.中国城乡老年人社会活动和精神心理状况研究[M].北京:中国社会出版社,2009.

❹ 王莉莉.中国老年人社会参与的理论、实证与政策研究综述[J].人口与发展,2011(3):35-43.

❺ 段世江,张辉.老年人社会参与的概念和理论基础研究[J].河北大学成人教育学院学报,2008(30).

❻ 邬沧萍,杜鹏,姚远,姜向群.社会老年学[M].北京:中国人民大学出版社,1999.

严、更有意义;"老年人社会参与"则强调老年人在多样化的社会活动形式中具有平等的"参与性"与"互动性"❶。老年人社会参与的核心在于"参与"精神,强调老年人对于社会的"辅助性"作用和享有平等的参与权利,并非强调老年人对于社会的贡献和个体差异化的充分实现❷。从实践上看,WHO将社会参与定义为卷入"生活情境"和"生活经历",或"人在实际中的生活环境"❸体现了对老年人生活情境与个人互动的重视,也说明老年人社会参与是在一定的社会情境中的行为。

综上所述,本书认为老年人的社会参与必须满足两个条件:第一,主观意识到的社会层面的互动。这一内涵回答了关于老年人社会参与是否包含家庭活动和家务劳动的争论。有研究认为老年人的家务劳动和日常生活,例如采购日用品、接送孙子女、帮助子女料理家务、缴纳水电费等也是老年人社会参与的具体形式,因为在活动中产生了与他人的互动,实现了与社会的联系,"并且体现了自己的一种角色价值"❹。但是社会中的每个人其实都生活在与他人的联系中,完全脱离社会联系的人几乎不存在。如果将老年人在日常生活中无意识、被动地同社会发生联系的活动都算作社会参与,那么老年人的社会参与范围将无法界定,且无法衡量老年人社会参与的参与度问题,因为每个人每时每刻都同社会发生着联系。因此,本书将老年人社会参与限定为老年人在主观上能够意识到的参与行为,这种参与行为是在社会生活中与他人发生联系且具有互动性的活动。第二,

---

❶ 梅陈玉婵,南希·莫罗-豪厄尔,杜鹏. 老有所为在全球的发展——实证、实践与实策[M]. 北京:北京大学出版社,2012(1):16.

❷ 梅陈玉婵,南希·莫罗-豪厄尔,杜鹏. 老有所为在全球的发展——实证、实践与实策[M]. 北京:北京大学出版社,2012(1):16.

❸ WORLD HEALTH ORGANIZATION. International classification of functioning, disability and health. Geneva: World Health Organization[R/OL]. (2001-02-06)[2014-10-04]https://www.who.int/classifications/icf/en/.

❹ 王莉莉. 中国老年人社会参与的理论、实证与政策研究综述[J]. 人口与发展,2011(3):35-43.

侧重老年人的参与性。这一内涵回答了关于老年人社会参与应该"有偿"还是"无偿"的争论。有学者持"有酬论"的观点,将社会参与等同于老年人再就业和参与社会经济活动。有学者认为是"有酬"+"无酬"的。但本书认为,是否有酬劳并非是界定老年人社会参与内涵的根本标准。同样,老年人参与活动的组织形式也不是定义社会参与的标准,老年人可以参与正式的活动,也可以参与非正式的活动。老年人与社会发生联系的方式是多样化的,可以是经济关系、情感关系、责任关系或是基于伦理与道德的关系,"老年人能够按照自己的需要、愿望和能力参与社会",并不以是否发生经济联系为唯一标准。另外,社会参与强调老年人在社会活动中的平等地位,而非一部分精英老年人或是有特殊才华的老年人才能参与的活动。

在参与的具体内容方面,常见的包括公共文化和娱乐活动、公益活动、有收入的劳动(农业生产和城镇再就业❶)、社会人际交往和旅游活动等❷。随着社区管理服务水平的提高,在社区经济生活、文化娱乐、教育、综合事物等方面的参与成为老年人社会参与的重要内容❸。

目前来看,我国老年人的社区参与仍存在主动参与意识不高、参与频率与程度偏低,呈现松散性、偶发性的特征,学界对其原因进行了系统研究,其中代表性的影响因素有三个。一是激发老年人参与的个体内在动力不足。二是保障老年人社会参与的政策和物质供给不足,包括老年人社会参与的制度保障、组织体系、多元主体沟通协作机制、社区治理模式、经费保障和物质投入等。我国90%以上的老年人居住在家中,社区老年活动协会、老年大学等老年活动组织较少,容纳老年人数量不足,影响了老年人对学习、娱乐活动的参与。尤其是对于农村地区、城市远郊区的老年

---

❶ 裴晓梅.从"疏离"到"参与"——老年人与社会发展关系探讨[J].学海,2004(1):113-120.
❷ 杨宗传.再论老年人口的社会参与[J].武汉大学学报(人文社会科学版),2000(1):61-65.
❸ 参见唐忠新.中国城市社区建设概论[M].天津:天津人民出版社,2000:252;袁缉辉.当代老年社会学[M].上海:复旦大学出版社,1989:203.

来说,实现参与更为困难;很多社区对公共空间、活动场所、内部道路、绿化、日照、噪声、卫生状况等并未进行适老化改造❶,使其参与户外活动的体验不佳。在法律法规方面,我国老年人参与文体活动意愿最为强烈,而对社区公共事务的参与意愿最低,对经济活动的参与意愿也较低。一方面是由于我国缺少针对老年人参与社会事务和经济活动的政策支持体系与老年人社会参与的平台;另一方面是由于长期以来公众形成了对老年人迟钝、固执的刻板印象,导致社会公众甚至老年人自身都不认同、不赞成参与社会事务。其实,很多老龄化程度高的国家既注重对老年人社会参与法律政策体系的构建,又把重点放在老年人重新回到社会参与各项事业上。例如,日本在老龄化的重压下,从20世纪80年代起就专门制定了"高龄者雇佣安定法"和"高龄者职业安定对策基本方针",在全国各地建立"高龄者职业能力开发服务中心",以法律和政策的形式鼓励、动员全社会创造老年人参与社会事业的机会。三是老年人与社区的互动性不足。社区概念20世纪80年代进入中国社会,但对于老年群体来说,他们在实际生活中并没有感受到社区和传统意义上的居委会有多大区别。早年周伟文等人对老年人与社区关系的研究表明,超过一半的老人将社区等同于"街道居委会",27.6%的老人基本不与社区管理人员打交道,社区活动的实际参与度和社区服务的实际利用率都远低于需求❷。

在社区治理中,基层社区(街道、居委会)的责任在无限扩大,市政府在便民、幼少儿服务、市容、卫生、治安等方面给区、街道下放了数十项管理权,老人工作只是其中一小部分。居委会作为基层自治组织,实际上成为上级政府布置各项工作的落实机构,居委会工作人员无法腾出时间和精力对老年群体提供细致周到的服务,粗放性管理加上资金、人员方面

---

❶ 王江萍,李弦.社区老年人室外活动场地的环境生态因素研究[C]//中国城市规划学会秘书处.2004城市规划年会论文集:社区规划与城市住宅.中国城市规划学会,2004:287-290.

❷ 周伟文,严晓萍,等.城市老年群体生活需求和社区满足能力的现状与问题的调查分析[J].中国人口科学.2001(4):55-61.

的短缺，导致老年人对社区产生距离感。

要扭转老年人在社会参与中的边缘局面，就必须主动将老年人纳入社会环境与发展的建构过程中。老年人社会参与强调老年人在多样化的社会活动形式中具有平等的"参与性"与"互动性"❶。其避免了关于老年人社会参与撤退理论与积极理论的争论，而直接进入对影响老年人社会参与的影响因素的探讨。文化程度、收入状况、健康状况、年龄层次和公共意识等个体特征对老年人社会参与意愿影响显著❷，老年人社会参与也离不开丰厚的经济支持、健康的老年资源、多元化的参与空间等前提条件。

本书对"老年人"及相关主体、"社会参与"的界限和范畴作出如下界定。

（1）老年人。WHO对老年人的定义，按年龄计算的老年人指65周岁（有时是60周岁以上）的人群❸。但是年龄并不是判断衰老的唯一依据，从老年心理学上看，衰老包括发生在感觉、直觉及智能（记忆力、学习能力和智力）、个性、精力、活动力等方面的变化。社会学上也按一个人在社会结构——家庭、工作领域和政治团体等角色和关系上的变化来判断衰老。尤其是在社会参与问题上，老年人的社会角色、身体和精神状态是影响社会参与的关键因素。因此，一个55岁的人，尽管他在年龄上还没有进入老年人阶段，但是如果他已经退休，身体和精神健康程度较差，也不能说明他比65岁但精神矍铄的人还年轻。本书在实证部分基本采用WHO的定义，但对于年龄未到但也呈现出老年人状态的个案也做了说明。

---

❶ 梅陈玉婵,南希·莫罗-豪厄尔,杜鹏.老有所为在全球的发展——实证、实践与实策[M].北京:北京大学出版社,2012:16.

❷ 张娜.欠发达中小城市老年人社区参与影响因素分析[J].社会保障研究,2015(2):23-27.

❸ A KALACHE. Men, ageing and health [J]. The Aging Male, 2000(1):3-36.

（2）老年前期人群。本研究还将40～59周岁的群体定义为老年前期人群，因为我国不同年代的人群特征差别较大，分析在不同文化背景和经济条件影响下的人群对待老年人社会参与的态度，以便为未来20年的老年人社会参与提供前瞻性研究。

（3）一般社会大众。指不属于老年人或老年前期人群范畴的，且工作性质不直接与老年人接触的生活在城市社区的一般公众。

（4）公共服务部门。主要指政府老龄政策相关部门，例如老龄委、民政部门、各级政府公共服务平台、基层社区及街道居委会，社区居家养老服务中心等。

（5）老年人社会参与。为了避免研究过于宏大叙事，本书主要聚焦于老年人与社会的互动关系。因此，在研究客体上选取与老年人关系最为密切，影响老年人基本生活质量和感受的内容，不包括家庭范围内的娱乐活动和家务劳动，也不包含脱离老年人实际的经济活动和纯政治性活动参与，重点在于社区的各项文体活动参与、志愿性慈善性的社会事务参与，以及与老年人利益密切相关的基层老龄政策参与。三者是老年人从社会生活中获得自我价值认知、精神娱乐情感慰藉、社会认同感的重要途径，具有老年人主观上的参与动机和广泛的社会参与属性。其他类型的参与大多可以纳入这三种类别中来，例如老年人的学习型参与大多与兴趣爱好挂钩，属于文化娱乐型活动参与的范畴。老年人参与经济活动和宗教活动并不在本书范围内，因为老年人的再就业较多从老年经济学领域进行分析，而老年人的宗教参与是需要进一步研究的课题。

第三节 研究方法与路径

本书依据2013—2015年对T市城区四个社区共500多位60岁以上老人和89位40～60岁的老年前期人群进行调查获得的数据，结合定量研究与定性研究的方法，分析老年人社会参与情境与行为现状，了解老年人社会参与的意愿、方式及特点，并对社区人群对待老年人社会参与的态度和看法进行分析。同时，全面展示不同城市家庭结构、社区特点、传统文化观念和制度及政策对老年人社会参与的影响。

一、定量研究

T市是一座正在转型中的北方重工业资源型城市，具有以下两个特点：一是其经济发展和城市化水平在全国处于中等，具有普遍意义。城市60岁以上老年人约占总人口数的13%，老龄化程度接近全国平均水平。市区的老龄人口总数和百分比已经严重超过了各县区。老龄化最严重的L区，60岁以上老年人比例已达到17%；二是T市处在社区发展模式转变进程中。街道和社区中很多重工业老企业社区、单位社区转型为现代社区，例如原铁路社区、钢厂社区和煤矿社区，正在从工矿企业职工社区向开放式商品房社区转变，居住在社区中的老年人也面临社区文化、周围人群、社区管理模式发生的改变，因此，研究T市老年人社会参与态度与行为的变化具有一定的代表性。

调查对象是在T市城区居住3个月以上、年龄在40岁以上的城市社区居民。采用分层成比例随机抽样方法，首先选取T市的2个主城区和2个人口较多的远郊区，随后在4个区内各随机抽取1个社区，按照社区人口规模，每个区选取老年人口数最多的1个街道，在每个街道底下随机抽取1个社区，再从所抽取的社区中随机抽取2个小区，对小区符合限制条件的调查对象进行分散或集中调查及访谈。共发放调查问卷620份，回收有效问卷603份。

被调查者分为A卷和B卷两组，A卷调查对象的年龄范围在60~94岁，调查题目为"城市老年人社会参与态度及意愿问卷调查"，回收的有效调查问卷共514份，男性和女性的比例为1.44∶1。分个别填答和集体填答的方式进行，调查时间跨度为1年。B卷调查对象年龄范围在40～59岁，问卷题目为"中年人社会参与态度与体验情况调查"，采用现场回收的方式，有效调查问卷共89份，随后邀请这89位被调查者参与了IAT❶测试，验证其外显态度与内隐态度的差异。

问卷调查A的内容涉及老年人口的性别、年龄、受教育水平、居住方式、（退休前）职业、健康状况自评，基本囊括了老年人口在城市生活的大部分具体状态（见表1-2）。

表1-2　问卷调查A样本分布情况表

变量	变量描述	人数(人)	百分比(%)	有效百分比(%)
性别	男	303	59.0	59.0
	女	211	41.1	41.1
年龄	60～70岁	224	44.8	45.6
	70～80岁	187	37.4	38.1
	80岁及以上	80	16.0	16.3
受教育水平	文盲	83	16.6	16.6
	小学	164	32.8	32.9
	初中	146	29.2	29.3
	高中或中专	67	13.4	13.4
	大学及以上	39	7.8	7.8
居住方式	独居	38	7.6	8.0
	仅与配偶同住	301	60.2	63.5
	与配偶和子女同住	112	22.4	23.6
	其他	23	4.6	4.9

---

❶ IAT即内隐联想测试，由格林沃尔德于1998年提出，用于对个体的内隐态度等内隐社会认知进行测量。

续表

变量	变量描述	人数(人)	百分比(%)	有效百分比(%)
(退休前)职业	工人(厂矿工人、建筑工人)	275	55.0	55.2
	商业服务人员(家政服务人员、销售员、餐饮服务员)	53	10.6	10.6
	个体户	47	9.4	9.4
	专业技术人员	26	5.2	5.2
	党政机关及企事业单位工作人员	94	18.8	18.9
	其他	3	0.6	0.6
健康状况自评	好	67	13.4	13.6
	一般	204	40.8	41.3
	不好	223	44.6	45.1

定量分析将老年人的社会参与需求、参与意愿、社会卷入度分别作为被解释变量，分析老年人的个体特征（例如性别、年龄、受教育程度、身体健康状况等）、社会特征（例如职业、政治身份、收入等）、制度环境特征（所在地政府鼓励或抑制行为及参与表达的环境特征等）的影响程度。分析老年人社会卷入度主要运用多元回归分析方法，分析老年人社会参与类型及其影响因素采用了Logistic回归分析方法。在分析过程中对因变量选项进行简化，例如对于参与社区公共事务意愿问题选项，把原问卷中的"非常愿意"与"比较愿意"合并为"愿意"，把其余的合并为"不愿意"。将年龄、性别、职业、受教育程度等个人特征数据转换为虚拟变量后再进行回归分析。如果某些因素影响参与，且这些因素是可调整的（排除性别、年龄等不可调整因素），那么改善这些因素就能够促进老年人的社会参与。最后，根据所进行的问卷调查和描述性统计，引入社会参与模型，使用调查数据获得的微观样本进行分析，为提升老年人参与对策研究提供思路。

问卷B对中年人社会参与的态度与观念进行调查。被调查的89人全部为某国企在职职工，其中女性占39.3%，男性占60.7%，大学及以上学历的人占13.5%，高中学历的人占30.3%，初中学历占51.7%，小学及以下学历为4.0%。

二、定性研究

在定量分析基础上，对老年人、老年前期人群和老龄工作者进行深度访谈，多角度呈现老年人社会参与的情境困境与变化，剖析老年人社会参与中的矛盾根源。

半结构式访谈：半结构式访谈的对象为城市社区老年人，访谈题目为"老年人社会参与行为与心理调查"，以帮助描述和分析老年人的家庭代际关系和社会代际关系特点及其对老年人社会参与的影响程度。家庭代际关系和社会代际关系特点与生活地域的社会观念和文化习惯具有紧密联系，为了避免访谈结果缺乏代表性，本书舍弃了单独在T市选取样本，而是尽量对全国东、中、西部各经济发展水平不同的城市老年人进行访谈，获得对于代际关系的不同观点，达到"理论饱和"，从而提炼出较具有普遍意义的观点和看法。半结构式访谈样本选取方法为：依据地理位置和城市类别，将调查点划分为华北地区城市、东南地区城市、西南地区城市三部分，在各城市人口密度最大的几个社区随机取样。具体包括天津市区、秦皇岛市区；云南昆明市区、云南保山市区、广西南宁和桂林市区；福建厦门市区，江西赣州市区等。每个城市随机取样数不低于10人。共回收100份访谈记录，有效回收率为66.7%。

参与式观察：第一，以T市G区B社区老年人参与户外文体活动为对象，进行为期1个月的实地跟踪观察，跟随老年人进行每天的户外活动参与，观察每类老年人户外活动的组织情况、活动体验、进入规则和冲突解决方式；第二，参与T市W街道健康楼社区新春游园活动，并跟随社区工作员进行为期一周的工作，对社区老年人小组活动的基本模式和方法进行深入追踪，分析社区中促进老年社会参与的小组工作实例，剖析社区中老年人与社区工作者互动中出现的问题，提升老年人社区参与的实际效果。

第二章 情境-行为分析框架对老年人与社会关系的阐释

老年社会参与现实发展中遇到的最大主观阻力是在具有浓重的年轻化主流文化生活与经济生活中,社会群体及老年人自身都对"社会参与"是否真正适合老年人生阶段、是否对社会发展仍有意义而感到怀疑。随着人口老龄化的不断加深,未来二三十年老年人的社会参与将无处不在。如何运用新的理论知识体系,重新设计社会结构、组织社会秩序让老龄化的能量得以充分利用和释放,成为人们关注的焦点。

第一节 老年人社会参与价值之争

参与价值性在老年学理论中是被旷日谈论的议题,如图2-1所示,它主要分为三个不同阶段。

20世纪五六十年代的"活动理论"来自对堪萨斯州300名50~90岁老年人时间跨度为6年的不定期访谈[1]。活动理论的主要观点是:大多数老年人仍保持活动和社会参与;老年人社会参与并不是内在必然的,受外部力量的影响较大,其参与活动的水平、参与频率或疏离程度都受年轻时生活背景和社会经历的影响;保持社会活动对于老年人晚年生活幸福度提升具

---

[1] PHILIPS B S. A role theory approach to adjustment in old age [J]. American Sociological Review, 1957(22): 212-217.

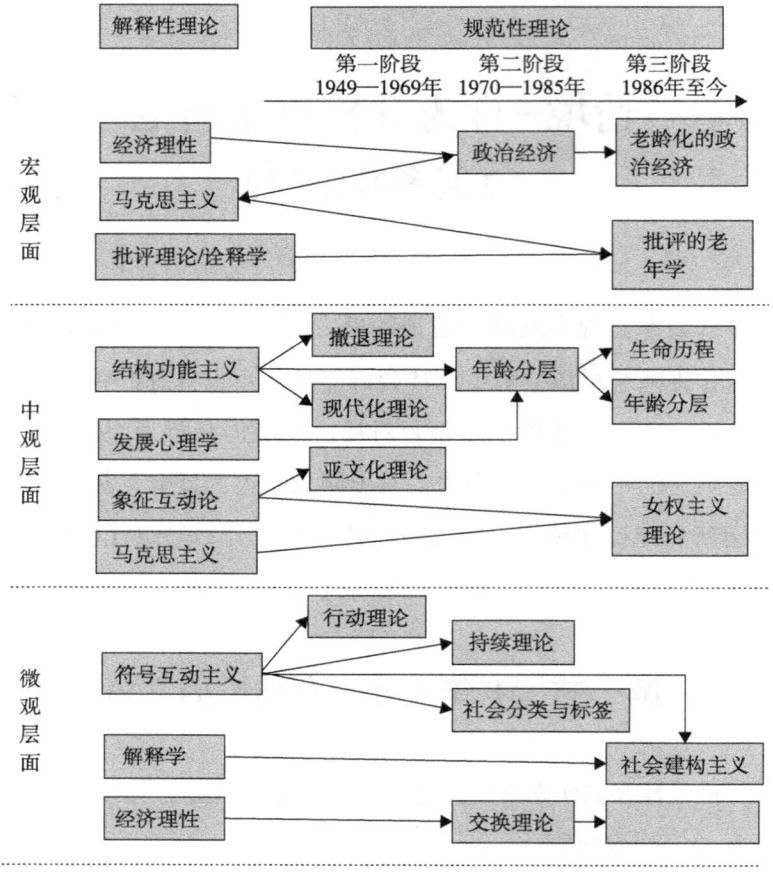

图2-1 老年学研究的发展脉络

资料来源：PASSUTH P M, BENGTSON V L. Sociological theories of aging: current perspectives and future directions [M]// BIRREN J E, BENGTSON V L. Emergent theories of aging. New York: Springer, 1988: 333-355. 经作者整理而成。

有积极作用[1]。"活动理论"在老年社会学研究领域长期占据着优势，并且在常识中也易被人们所接受。它与普遍的社会价值观一致——把老年人与中年人之间的距离尽可能缩短，认为人在衰老之后也要继续保持中年人的

---

[1] 唐仲勋,叶南客.国外老年社会学的其中理论模式[J].国外社会科学,1988(11):66-70.

社会活动和生活方式，以便继续产出社会价值，这在某种程度上也符合老年人自身保持青春、保持活力的角色认定。有学者认为，"向进入老年期的人提供的角色选择机会越多，老年人越能克服由于他们在成年期必须承担的角色遭到剥夺造成的消极影响"[1]。人们从儿童时期开始就扮演着不同的社会角色，从社会生活的自我完善和修正行动中获得自我认知。进入老年之后，随着退休和身体状况的变化，老年人从前的社会角色开始消失或弱化，致使老年人自我认知减弱，而参与社会活动可以弥补社会角色弱化给自己带来的损失。

很多学者探讨了老年人的社会参与和老年人健康、幸福感、生活满意度及死亡、抑郁等的关系。例如Elizur认为，特定文化背景下建立和保持一定的社会联系和社区人际关系网络[2]，能够对老年人消除孤独情绪、改善生活质量起到积极作用[3]。老年人社会参与的层面越高，其精神状态和生活满意度越高[4]。国内学者将邻里、朋友关系，以及老年人对社会的归属感和认同感归类为"社会文化"维度，在我国文化情境下保持人际交往和社会融入对老年人生活质量的影响不尽相同。积极影响包括社会支持、中庸的思维方式、避免盲目乐观和正向利用防御性悲观、"学无止境"的心态；消极影响包括"财富悖论"现象、自我价值感缺失、对外部环境的过度依赖、放弃自我的牺牲精神、幸福感基于对未来的虚无想象[5]。可见，人际关系网络、群体心理和态度是老年人社会参与主观情境的重要组成部分。

---

[1] 黄育馥.美国社会老年学理论浅谈[J].国外社会科学,1984(11):20-24.

[2] ELIZUR Y,E HIRSH. Psychosocial adjustment and mental health two months after coronary artery bypass surgery [J]. Journal of Behavioral Medicine,1999,22(2):157-173.

[3] EKWALL A K,SIBERG B,HALLBERG I R. Loneliness as a predictor of quality of life among older caregivers [J]. Journal of advanced Nursing,2005,49(1):23-32.

[4] HAVIGHURST R J,R ALBRECHT. Older People [M]. New York:Longmans,1953:74.

[5] 王晓松.浅析中国文化背景下影响老年人幸福感的因素[J].社会心理科学,2013(8):87-90.

然而，活动理论和实践也一直遭受批评和质疑。批评者认为，活动理论只针对那些具有活力和条件，能够继续参与到中年人的社会活动中的老年人的情况，而不能包括那些身体羸弱、不具备条件或是不愿意参与到中年人活动中的老年人。因此，当面对不参与活动也很快乐的老年人的情况时，这种理论就显得没有说服力。后期更多的研究也证明了积极参与活动的老年人也会不快乐，并不想再继续保持这种积极的参与，社会活动也会给老年人带来疲乏感和负面情绪强化的效果。实际上，老年人是否愿意积极参与社会活动，与老年人个体的经历、情境、需要有很大关系。

随后出现由伊莱恩·卡明和威廉·亨利提出的"脱离理论"几乎与活动理论针锋相对，它把关注的焦点从个人转为社会制度[1]。脱离理论认为，随着人们逐渐衰老，减少社会活动、逐渐从社会生活中隐退是一个自然的过程，老年人不需要同青年人在社会资源分配中进行争夺，而应将其生命的关注点转移到享受社会的报答、与社会活动分离后获得的自由。脱离理论认为，老年人在晚年从社会脱离有两个方面的原因，一是老年人自身生理、心理均衰弱，参与社会活动已经显得力不从心，对社会生活和社会角色也不再关心。有的老年人的此种心境可能会表现得慢一些，但是这种退出社会的愿望终究会出现。二是从社会发展上，社会为了保持旺盛的生产力和平衡，具有替换衰弱劳动者的属性，不断把年轻人安排到退休老人的岗位上。脱离理论认为，社会是造成老年人脱离社会的主要力量，社会劳动力的循环交替是必然的客观规律，老年人一旦通过学习等手段再次获取技能，就会再次融入社会。

显然，脱离理论一个关键点在于如何定义"脱离"，多大程度上才能称为"脱离"？例如，一位老年人可能退休之后赋闲在家，尽管他已不再接触之前的工作，但仍然关注相关的新闻，仍然参与相关的社团活动。可见，脱离理论将老年人与社会发生关系固定在"工作关系"层面，忽略了

---

[1] 李兵,杜鹏.老龄社会学理论:研究现状和政策意义[J].人口研究,2005(4):66-72.

其他的社会参与形式，老年人脱离工作后，仍然有多种多样的形式与社会发生关系，这取决于老年人的个人因素和社会参与情境的共同作用，脱离理论过分关注工作关系的固定性，忽视了对社会其他方面联系的探讨。

围绕这两种截然不同的老年人参与理论之间的争论，这一时期还出现了年龄分层理论、连续性理论等。连续性理论认为老年人在衰老之前从事什么职业、对生活持有积极的或是消极的态度，在进入衰老期后仍然倾向于持续这种态度。该理论为解释老年人如何看待自身身份地位的下降提供了一种手段[1]。这一系列理论从侧面反映出人在衰老之后对社会的适应行为变化范围很大，老年人与社会环境是互相选择和影响的，老年人可能倾向于更加积极或是更加有节制，但其本质都是老年人对抗衰老和社会冲击的一种自我保护行为。只有当老年人的选择不能保护其自身价值，也就是老年人对社会生活产生较强的不适应和矛盾时，才进入需要防范的领域。以上理论对"究竟什么因素在影响老年人参与或是脱离社会的选择"的回答局限在老年人的自身因素，例如健康程度、文化和认识水平、经济情况等，对社会结构、文化背景、观念认同、设施配备等外界因素的影响和变化没有进行充分的探讨。

20世纪70年代末到80年代初，西方发达国家人口老龄化问题逐渐显现，许多原有的理论被修正和重新阐述，研究多以交叉学科的视角，结合经济学、社会学、心理学、女性学等学科，倾向于关注高龄化背景下的老龄社会建构和青年与老年间代际资源、观念的冲突与变化，以及"就地老化"中老年人参与社区活动的机会和条件创造。例如，社会环境论主张更认真地探讨衰老过程与社会环境之间的匹配效应。首先，特定的经济、文化、制度背景下，社会对人的老化的价值有着不同的期待，处在社会环境中的个体行为需要满足这种集体的期待；其次，个人与他人发生相互作用的能力是影响个体在环境中的行为的重要因素；最后，个人主观上是否认

---

[1] ATCHLEY R C.A continuity theory of normal aging [J]. The Gerontologist, 1989(11): 13-17.

为自己的能力符合情境对他的期待❶。当老年人个体因素与社会期待相匹配时，老年人就容易产生幸福感，也会更加适应环境。此外，在社会环境中，老年人也会选择适合自己的行为方式，例如老年人常常会显得世故，采取中立的态度，不愿意强烈、明确地表达意见，这是为了在社会中赢得他人的支持与好感，获得更广的社会人际网络。另一种观点是，老年人社会参与可以帮助社会消除固有的对老年人的社会偏见，重建老年人在社会环境中的力量。美国学者杰弗瑞·韦伯斯特提出环境论具有局限性，即个人无法"判断一个不断变化的环境"（Negotiate Environment in Flux）❷，因此需要社区和国家力量帮助老年人构建社会参与的情境。

除了对老年人自身的意义，社会参与对于社会发展和解决老龄化问题的价值和作用也经常被探讨。Edwards等利用实验室情境重建方法，提出按照高龄公民参与需求改善发展和支持的集成技术，能够提高社会创新政策与地方治理质量，是实现公民权利的重要手段❸。世界卫生组织提出健康、发展和参与是老年期的三大支柱，健康之外的两个因素对老年人的意义越来越重要。日本政府通过《鼓励中年和老年职工就业的特别措施法》，鼓励退休老人再就业，减轻人口老龄化带来的劳动力不足问题，并为专门设置老年人工作岗位、雇佣老年工人的企业提供政府减税和补贴等实质性优惠，并以促进老年人再就业的形式强化老年人社会责任感和认同感，重建老年人社会角色认同❹。

对于老年人来说，究竟是要努力适应角色上的变化（角色理论），还

---

❶ 黄育馥.美国社会老年学理论浅谈[J].国外社会科学,2000(2):20-23.

❷ WEBSTER J D. The future of the past: continuing challenges for reminiscence research [M] // G KENYON, P CLARK, B DE VRIES. Narrative gerontology: theory, research, and practice. New York: Springer, 2001:159-185.

❸ EDWARDS-SCHACHTER, MONICA E. Fostering quality of life through social innovation: a living lab methodology study case [J]. Review of Policy Research, 2012, 29(6):672-692.

❹ 杨文杰,韦玮.日本对人口老龄化问题所采取的对策及对我国的启示[J].日本问题研究,2000(2):27-30.

是逐渐脱离年轻人的社会和竞争，享受安逸与清静（脱离理论）？是保持积极的姿态减少与中年人的距离（活动理论），还是形成彼此密切的老年群体文化来对抗社会"主流"文化（亚文化理论），还是与同年龄人群形成紧密的社会联系（年龄分层理论），还是继续付出以换取子女或是社会的尊重（社会交换理论），还是通过改变政策和社会观念以弥补老年人在社会上的不平等（老年公共政策理论）？诸多的理论围绕"如何过上更好的晚年生活"提供了繁多的解答。但不是所有的老年人都对社会参与怀有极高的热情，不是所有的老年人都对继续保持中年期的名誉和声望感到满足，不是所有的老年人都有同样的经历和人生背景。同样，社会环境因素也在不断发生变化，与其说老年群体是一个静态群体，不如说整个社会进入了衰老过程，个人的老化需以"社会的老化"加以阐释。对于"为什么有一些人晚年生活比另一些人好"这个问题没有普遍适用的答案，不同家庭的代际关系、社区情境、个体情境下老年人的需求不同，所表现出的社会参与动机也就具有复杂性，因此，对老年人社会参与的探讨离不开对情境的分析与把握。

第二节 情境的作用

"情境"概念由美国社会学家托马斯和兹纳尼茨基提出。情境与环境是两个具有联系又有区别的概念：首先，社会环境所包含的内容比社会情境更为广泛，社会环境包括整个社会政治、经济、文化的存在与社会意识，社会情境只是社会环境中与个体直接发生心理联系的那些特定部分；其次，社会环境对于个体来说，是纯客观的，不同个体可以处于同样的社会环境之中，而社会情境则是主客观之间的统一，每一个个体总是处于一定的社会情境之中。情境是与个体直接联系着的社会环境，即与个体心理相关的全部社会事实的一种组织状态。同一环境下，受到不同的心理作用会使老年人产生不同的社会情境作用；最后，社会情境往往被个体所意识到，并直接影响着个体心理，而社会情境以外的社会环境则是在未被个体所意识到的情况下，间接地对个体心理发生着影响。老年人社会参与情境是指在社会环境中，影响老年人社会参与行为和态度的一系列主、客观因素的集合。

老年学研究人类老化的现象和过程，研究人类个体老化与生态、社会环境之间的本质联系❶。老年学的研究，起源于医学和生理学、老年心理学等路径。从20世纪40年代开始，人们认识到老年群体的行为和生活质量不可避免地受到社会环境的影响，产生了以老年群体的社会生活及其运行和调节机制为研究对象的老年社会学研究❷。老年人的社会性包含内容非常广泛，比如老年经济、社会关系网络、老年人与其他社会群体的代际关系、老年人社会活动的外部条件供给等。有学者将老年社会学概括为研究"老年期群体社会生活及其运行和调节机制客观规律、老年期群体社会关系和社会行为、老年期群体社会关系和社会行为同其赖以存在的社会条件之间的本质联系、老年期群体的生理因素和心理因素之间的本质联系"的科学❸。可见，情境-行为研究框架本身就属于老年社会学研究的范畴。

老年人社会参与蕴含两个关键点："如何参与"提出了老年人社会参与行动逻辑问题，即如何恰如其分地满足有参与需求的老年人，让老年人在心理上产生社会参与的愉快和满足；"谁来参与"关注参与者的确定、调动老年人周围主体的因素，形成促进参与的情境。老年人社会参与情境必须要弄清楚以下三个问题：一是老年人社会参与情境现状，包括老年人社会参与情境中的制度、人际关系和客观环境因素；二是老年人社会参与情境匹配的行为策略；三是老年人社会参与行为同其参与情境之间的联系。

---

❶ 邬沧萍.论老年学的形成、研究对象和科学性质[J].中国人民大学学报,1988(2):1-11.
❷ 胡汝泉.老年社会学的对象、领域和作用[J].社会学研究,1988(2):26-30.
❸ 胡汝泉.老年社会学的对象、领域和作用[J].社会学研究,1988(2):26-30.

参与情境是SAMD（情境行为匹配发展框架，The Situation and Action Matching Development Framework，SAMD）框架的首要分析单位。参与情境是一组变量的复杂单元，包括多种参与群体和组织，他们基于一定的行动逻辑和各自的利益目标联系在一起，按照不同的参与模式进行活动组织和管理，并且在一定的条件供给和文化环境氛围内选择适合的参与方法与行动模式。有研究以参与者集合、参与者担任的具体职位、容许的行为集合及产出的关联、每个参与者对决策的控制层次、参与者可获取的信息、成本效益等变量来描述参与情境[1]。其中，"容许的行为集合"有两种表现形式：一是在法律和政策等正式规则约束下的行为；二是约定俗成的，在人们的观念影响下的行为。老年人社会参与"容许的行为集合"大多指后者，因此，老年人社会参与情境包含文化情境和群体态度维度。社会学中对于情境与行为的互动关系有较多论述，情境对于人的行为具有重要意义，每一种人的行为选择都来自此前关于日常世界的经验积淀。"一个人随时都会发现他身处于一个由个人生活史决定的情境之中"，情境并非仅仅具有固定不变的物理属性，而是一个"有生命的存在"，情境能够赋予人"存在于有意义的世界中一个位置"。[2]因此，只有在社会情境中，才能形成直接经验的社会关系，老年人社会参与行动必须在一定的社会情境中实现。

情境按照结构—行动、理性—非理性维度可以分成四种分析因素[3]，第一种是由法律制度、文化期待、观念制度形成强大约束力，规范人们行为的按照理性逻辑运行的制度情境；第二种是由人与人之间的情感和关系网络等非理性因素组成的关系情境。很多学者指出，中国社会是一个典型

---

[1] 埃莉诺·奥斯特罗姆.制度性的理性选择：对制度分析和发展框架的评估[C]//保罗·A.萨巴蒂尔.政策过程理论.彭宗超，译.北京：生活·读书·新知三联书店，2004：58.
[2] 理查德·J.伯恩斯坦.社会政治理论的重构[M].黄瑞祺，译.南京：译林出版社，2008.67.
[3] 费爱华.情境的类型及其运作逻辑[J].广西社会科学，2007(3)：178-181.

的关系情境社会[1]；第三种是靠情理、日常道德和互利互惠的平衡原则运行的常人情境；第四种是由于一些人的影响和操纵或某种突发事件感染形成的群体情境。可见，法律等正式规则、人际关系网络、群体态度和观念、日常行为原则等都是情境分析的要素，特定的社会情境中必然有与之相匹配的行动逻辑，情境中的个体根据场景和规则的情况，选择适合的行动策略。

SAMD框架提供了一种分析方法，将老年人社会参与在不同情境下的影响因素和行动逻辑联系起来。首先，分析老年人的社会参与情境，包括老年人社会参与的物质和基础设施条件、法律政策群等正式规则、参与者特征、群体态度和观念、日常行为特点和人际关系网络。对参与情境的分析能够对老年人社会参与的主观和客观限制因素与参与规则进行把握，使老年人社会参与与现实条件相一致，是SAMD框架需要解决的首要问题。其次，分析老年人在特定情境下社会参与的行动逻辑，找到与情境相匹配的参与行为的客观规律，确定社会参与的目标群体、参与动机和目的、组织形式和参与规则。这一步也可以实现对老年人社会参与现实问题和环境障碍的诊断。社会参与影响因素是情境到行动的中间一环，包含生理心理变化、主观意愿和家庭、人口学特征如何影响老年人社会参与的真实需求与供给情况（如图2-2所示）。

我国的老年人社会参与具有天然的分析层次，因为我国老年人生活与老年人自身、家庭、社会和国家四个层面紧密联系。对于老年人自身来说，增龄产生的生理、心理变化，老年人社会参与主观意愿和需求，参与情境和对价值的追求都是影响老年人社会参与行为的重要方面；对于家庭来说，老年人在家庭中担任的角色和家庭对老年人的支持程度是影响老年人社会参与的重要因素；对于社会环境来说，社会在多大程度上能够满足老年人社会参与的需求，社会对老年人社会参与的态度和观念会对老年人

---

[1] 梁漱溟.中国文化要义[M].上海：学林出版社，1987：80.

社会参与产生影响；从国家层面来说，社会参与的法律保障和制度构建，以及基层社区对老年人社会参与政策的贯彻和执行情况，将直接影响老年人的社会参与行为。本书对以上四个层面的研究将按照SAMD框架进行分析。

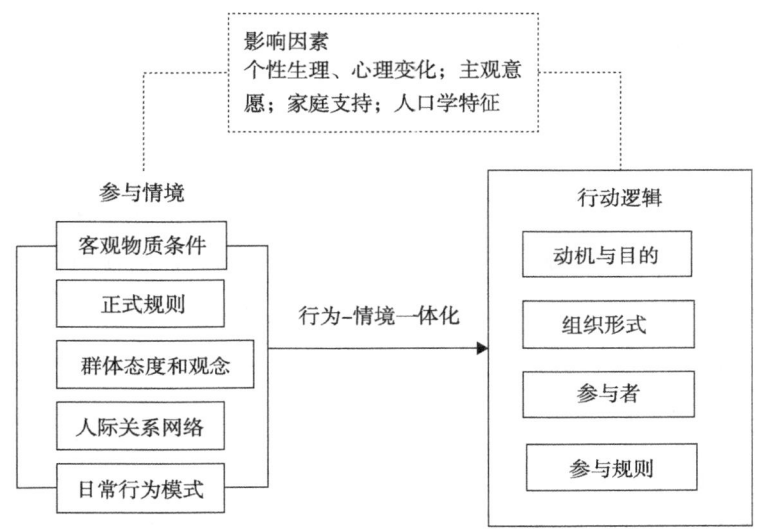

图2-2　情境-行为匹配发展分析框架

第三节　老年人社会参与中的情境-行为匹配发展框架

一、参与情境的物理特征和社会人文特征

"角色"镶嵌于一定的社会"情境"促使人们开展社会活动[1]。情境通常是跟一定的制度和社会组织联系在一起，当地政府的政策、居住建筑形态、居民的社会经济状况及社会交往都会产生影响。因此，对参与情境的描述分为以下几个方面。

---

[1] 黄枝连.论社会情境的结构形态及其变革处理[J].中国社会科学，1987(1)：193-208.

1. 社区类型和活动组织者特征

老年人脱离了工作环境后活动的主要场所为社区。研究显示，社区类型会影响居民的社会参与程度，原因是促使居民自愿参与的必备条件是情感认同和利益，而这两点都在社区类型中得以体现。举例来说，住房类型为自有房的居民其社区参与意愿比租住户更为强烈❶，因为他们对社区拥有更强的归属感、认同感和利益联系。当社区居住的成员多为业主及其亲属时，社会参与行为更加活跃，而如果社区中多租户和流动人口时，社区参与的积极性就大幅减弱。再例如，城市社区是我国治理的基层单元，传统自然社区和老社区道路狭窄，公共活动空间有限，社区管理重点多放在人员管理和卫生清洁等方面，对社区活动的组织能力不强，居民基于地缘的生活共同体特征并不明显。而"单位"型的社区和设施配备健全的现代社区老年人共同体特征显著，社会参与活动机会更多，参与的积极性也更强。

社区组织者也是社会情境的重要组成部分，当前社区中存在的承担社区活动组织和管理责任的正式机构主要有社区居委会或街道办、业主委员会和物业公司三种。除此之外，有些社区中还存在其他非正式民间组织，如老年治安监督队、老年兴趣爱好小组等，当然在一些管理正规的小区，这类非正式活动组织也是在社区备案、受社区管理的。组织者的性质决定其对老年人有不同的感召力。在责任机构健全、管理人员素质高的社区，管理机构能够组织起数量更多和形式丰富的活动，老年人对社区管理者的信任和支持程度较高，其社会参与的程度就更深，老年人可以参与公共事务及其他正式社区活动；在责任机构功能缺失、管理组织混乱的社区，老年人会尽量回避参与社区事务和各项正式活动，即使有参与意愿，也因为管理组织者的职能衰弱而无法实现。可见，对于老年人来说，社区类型和

---

❶ 王小章,冯婷.城市居民的社区参与意愿[J].浙江社会科学,2004(4):99-104.

活动的组织者特征是社会参与情境的重要影响因素。

2.硬件设施和参与者数量

老年人的社会参与行为与年轻人相比，需要耗费更多的成本，这是因为老年人的社会参与硬件设施具有一定的独特性，必须适合老年人的行为习惯和身体条件，或是装备了可供残疾人或者那些需要照顾的老人使用的设备。硬件设施最重要的是户外公共场地资源。"一绿二静三平坦"是基本的条件，除此之外还要距离老人居住点距离近，又不会对其他的住户产生太大的噪声影响。在我国很多老旧小区，场地问题成为制约老年人参与户外活动的重要因素。此外，室内公共活动场所也有特定的要求[1]，一是有足够的空间使老人活动自由，如拥有平坦的表面、足够轮椅通过的走廊、不会过分拥挤；二是具备适当的装备，如空调或暖气设备，可调节的灯光和通风设备，设计合理的冷热水装置，随身药品包收纳柜及无障碍的厕所等；三是住所选用的材料适当、坚固且结构合理。

潜在老年参与者的数量也会影响社会参与情境。一方面，在同等条件下，信息成本、沟通成本、角色成本、监督成本将随着集体人数的增加而增加。因此，参与者数量越多，需要花费的成本也就越大。老年人的社会参与往往以小规模的团体为基本单位，大规模的团体活动较少吸引老年人参与的积极性。另一方面，在社区内部，相对容易形成老年人活动的小规模团体，对于大规模的老年活动来说，除了国家形式的、具有政策支持和物质供给的正式活动，其他活动形式很难实行下去。

3.情境中成员的态度差异

在很多社会关系网络中，社会成员对老年人参与社会活动这一现象的态度和观念对老年人社会参与影响很大，是社会情境中需要探讨的重要因素。在一个社会参与情境中，老年人不仅与老年人发生联系，还要同各个

---

[1] 世界卫生组织.全球老年友好城市建设指南[Z]. WHO Press, 2007(29).

代际的社会成员发生联系，几乎所有城市的被调查老年人都强调，非常需要多组织老年人和不同年龄阶层的人进行交流沟通。例如，跨代际组合一起工作；老年人参与学校的公民和历史课教育；鼓励青年志愿者主动帮助老人等跨代际沟通交流的活动。但在实际操作中需注意以下几点：①对老年人社会参与作用和地位的认知；②和老年人一起参与社会活动的情感体验；③对老年人社会参与的行为意向。

我国老年人群普遍缺乏社区参与主动性，很多老年人被问及是否想参与协会、社团活动时，往往都拒绝了。他们的顾虑在于：与社团其他成员彼此之间不认识，避免与有特别政治观念的人打交道，活动纪律性与自由生活节奏的冲突，等等。这一方面是由于长期以家族为单位的社会基本结构在一定程度上阻碍了社区参与观念的成熟；另一方面由于其他群体对老年人也存在着固有的偏见。如果在社会参与中，老年人同其他社会群体因为态度差异过大而无法达成妥协，将会导致社会情境的分裂，甚至形成激烈的群体矛盾，阻碍社会参与活动的进行。因此，了解情境中成员态度的差异，通过沟通和交流形成彼此的理解和谅解，设置调解成员潜在冲突的机制对于社会情境来说至关重要。

4.人际关系网络问题

人与人之间的关系网络是维系社会生活秩序的血脉，个人只有透过与其他人的社会共存才能实现自我的存在意义❶。在社会交往中，总是存在人际亲疏关系，这些关系叠加起来，形成错综复杂的人际关系网络，构成一种内在的社会秩序。

社会参与的本质是人与社会生活发生关系，因此，不能忽视人际关系网络的作用。老年人不能被当作单一个体或是游离在社会主流之外的依赖

---

❶ 何友晖.关系取向：为中国社会心理方法论求答案[C]//杨国枢.中国人的心理与行为.台北：桂冠图书公司,1989:49-66.

者，而是复杂的社会关系网络的一部分。老年人在社会生活中必须与不同代际关系的人、一般社会公众和政府部门发生联系。诸如伴侣、父母、兄弟姐妹、儿女等家庭角色是老人自我认知、与人交往、获得支持的重要来源，人际关系一般指个体与个体之间的各种关系，或个体与他人之间的心理距离或行为倾向❶。由于中国独特的社会文化传统，人际关系成为研究国人社会行为的基础。前人的研究提出了中国人际关系网络的三种基本形态，即亲密的家人关系、具有共同认同和合作经验的熟人关系及以获利为目的的生人关系。中国的人际关系网以家族主义的概念区分人际亲疏、展现"特殊主义"的人际差别对待、具有伸缩弹性的格局界限❷，也就是说，社会参与的程度与人际关系的亲疏程度有关，在熟悉的人际关系中，人们倾向于深入地参与其中，承担责任或主动提出改进活动的计划；在陌生疏远的人际关系中，人们则不会主动参与或是仅限于浅层次的参与行为，对于老年人更是如此。人际关系网络有不同的类型，在情感型关系中，人与人之间的资源交换和配置往往依赖情感成分，例如家庭亲情、朋友感情等，对回报的追求往往不如付出大；在工具型关系中，人们的交往更多的是目的性的达成和获取，关系各方坚持的人际法则是"童叟无欺"的公平法则；混合型关系可能包括亲戚、邻居、师生、同学、同事及同乡等不同角色关系之上，其交往过程最可能受到"面子"和"人情"的影响❸。不同的人际关系网络也蕴含不同的社会参与原则：在家人关系中，以付出而并非期望回报的"责任"为原则；在熟人关系中，以"人情存续"为原则；在生人关系中，以"利害"为原则，强调对回报的获取。人际关系网络可以是与生俱来的，也可以是后天形成的，人际关系网络存在"关系基础"，比如血缘、地缘、同事、同学、同乡、师生等依据人们之间过去共

---

❶ 翟学伟.中国人际关系的特质[J].社会学研究,1993(4):74-83.
❷ 费孝通.乡土中国[M].上海:上海人民出版社,2012:23.
❸ 黄光国.人情与面子:中国人的权力游戏[M].台北:巨流图书公司,1991:13.

享的生活经验或社会认同所建立的特殊联系❶。

与他人联系的强弱是有区别的,"关系强度"的概念最早由马克·格兰诺维特引入到社会网络分析中,他将人际关系分为强关系和弱关系。强关系指在每个人的不同生命阶段、不同情境中频繁接触的、关系稳定的人群,例如学生时代的同学关系,成年之后的夫妻关系,职场上的同事关系等,在这些关系中存在传播范围有限、趋同性高的社会认知,这种社会认知能够划分人群的圈子并深刻影响人的意识和观念。弱关系则是一种更为广泛且肤浅的关系,他存在于社会的方方面面,具有偶然性,对人的影响也并不深刻。格兰诺维特认为能够充当信息桥的关系必定是弱关系,"强关系维系着群体、组织内部的关系,弱关系在群体、组织之间建立了纽带联系"❷。在强关系中,人们由于生活环境及观念意识都比较趋同,所以关注和传播的信息往往重复性较高,而依靠弱关系获得的信息往往更能够跨越社会认知的壁垒,获取其他领域的信息和资源。

在此理论基础上,社会参与行为必然嵌入社会结构,而社会结构在现实生活中更表现为社会生活网络。老年人需要从弱关系中获取有价值的、更为丰富的信息与资源,并在对社会网络产生信任的基础上,自觉地利用弱关系,增强与社会的联系和沟通。

当今社会,政府在一定程度上扮演着弱关系的角色,通过政府发布的养老服务信息和颁布的养老政策,将多元化的社会组织、家庭和个人紧密联系在一起。依靠政府搭建的养老服务沟通交流的平台,养老服务参与者相互之间构成了具有密切关联性的网络。政府承担对养老机构、老年社会组织、社会慈善组织等的监督及服务标准的制定职能,同时授权社区基层,使社区能够针对社区内老年人特点进行管理和服务。政府

---

❶ JACOBS J B, S L GREENBLATT. The concept of guanxi and local politics in a rural chinese cultural settings [J]. Social Interaction in Chinese Society, 1979(67):209-236.

❷ MARK GRANOVETTER. The strength of weak ties[J]. American Journal of Sociology, 1973, 78 (3): 1360-1380.

同时接受老年人及其家人、第三部门、社区等主体的建议与反馈,从科研单位等机构获取老年人社会参与的专业知识。社区在网络节点中起到纽带和桥梁作用,一方面为老年人和政府之间的信息沟通与意愿表达提供平台,另一方面成为老龄政策的直接服务者,同老年人及其家人进行最亲密的接触,最需要获得老年人及其家人的信任与支持。老年人生活在一定的家庭环境中,受到客观条件和自身观念的影响,老年人很难与政府直接发生联系,因此,社区和家人在老年人社会参与中起到传递与支持作用。政府、社会组织、家庭和个人等各种社会网络的"节点",在相互取得信任的基础上,以法律和法规为基础,以协作为主要的控制形式,把老年人群定义成参与过程的焦点,建立起适用于老年人意愿表达的多元参与渠道。

总之,作为老年人社会参与网络的各个节点,如何建立和发挥政府弱连接的作用,如何强化老年人对社会参与网络的信任程度,如何发挥强连接增强社会参与主体彼此之间的互动强度,将是本书研究的重点。

二、老年人社会参与的行动逻辑问题

在社会参与中,一旦具备了社会参与情境,具有参与需求的老年人就成了潜在的社会参与者。有研究显示,中国人的社会行为取向存在着四个不可缺少的因素,即权威、道德规范、利益分配和血缘关系。中国人倾向于在这四种因素的影响下选择行动路线[1]。"权威"在社会参与中表现为活动的管理者和组织者的权责范围;"道德规范"在社会参与中体现为对"老年人参与社会活动"范围与边界、是否符合社会群体的态度和观念的内在判断;"利益分配"在老年人社会参与中更多表现为一系列正式的或非正式的参与规则,例如进入规则、冲突调解规则等;"血缘关系"不单单指家庭的血缘关系,而是扩大到具有心理认同的社会关系。四因素理论

---

[1] 翟学伟.中国人行动的逻辑[M].北京:社会科学文献出版社,2001:268-274.

提供了社会参与行动逻辑的分析方法，在社会参与情境开放的前提下，任何人在理论上可以参与到活动中来。可是，活动的承载力是有限的，活动的内容和目的也是特定的，实际上并不适合所有老年人，那么判断社会参与的目标群体和设计社会活动的动机与目标就成为老年人社会参与的第一步。这就涉及参与规则问题。

集体行动一致性的获得是根源于规则的，规则提供标准并实现对活动的控制❶。社会情境中的参与规则决定谁可以参与某种层次的社会活动，在活动中，不同的参与者可以做、必须做、不能做的事情有哪些，如何制定参与规则和惩罚规则等。如果参与者都认同并愿意遵守这些规则，那么这些规则就会对社会情境产生积极或者消极的影响。在老年人社会参与领域，有四条规则具有重要意义，非正式规则往往比正式规则能发挥更大的效力。

1. 进入规则

界定社会参与活动的类型和明确谁最可能参与到活动中是老年人社会参与的第一步。不论是正式活动或是非正式活动，都对社会参与的目标群体特征和人数具有正式或非正式的限定，"外来者"或无法取得进入的权限，或进入之后遭到其他成员的排斥，或是无法参与到更深入的活动中心。老年人社会参与的常见进入规则包括以下几点：①居住距离远近。天然的近距离生活圈成为社会参与成员间彼此认可的重要条件，这表示老年人具有相似的生活圈和人际关系网络，谁居住在同一个社区，谁优先享有对社区公共设施资源的使用权。②成员的地位和作用。活动的发起者或贡献者、参与时间先后对老年人社会参与具有重要意义。参与某项活动时间较长的老年人很容易在参与中具有较高的话语权，在活动中处于核心成员的位置。参与水平和程度越高，参与稳定性越强，反之则处于较浅的参与

---

❶ 张康之.论集体行动中的价值、规则与规范[J].天津行政学院学报,2014(4):3-11.

层次。③是否具有一定的特长，包括知识技能、兴趣爱好、人际关系等。具有特长的老年人在社会参与中容易享有较高的优先权，例如在参与社区志愿服务时，身强力壮的退休民警无疑是优先考虑对象。④提供资源或其他帮助。这些规则可以同时作用在老年人社会情境中。

2. 冲突解决规则

老年人与其他相关群体争夺社会参与权是老年人社会参与中首要的冲突，其次是老年人内部对社会参与资源的争夺。在家庭情境中，当时间和经济条件有限的情况发生时，老年人会与其他家庭成员争夺更多的闲暇时间和经济条件，让其他家庭成员为自己的社会活动提供支持，有些老年人会以家长的权威促使其他家庭成员为其社会参与提供便利。在社会情境中这种现象更加普遍，老年人会争取有限的社区活动资源，例如公共场地、活动室和运动器械等。这种行为本身是违反社会参与规则的，但是并没有正式的社会规则对参与资源的分配作出规定。虽然"进入规则"一定程度上起到了避免冲突的作用，但是在非正式活动中约束力有限，基本是靠老年人的排斥态度和道德上的谴责发挥效力，当冲突一旦发生，进入规则就不再发挥作用。这时，冲突的解决基本有两种途径，一是当冲突在小范围内时，解决者往往是在组织中具有较高威望的核心成员，依靠成员之间的情感交流、沟通和劝说等方式化解冲突；二是当冲突扩大到团体与团体之间时，就需要依靠社区公共管理者对冲突进行调解。如果冲突不断升级，对违规的行为甚至需要权威的政府机构和法律介入。

3. 操作规则

操作规则是参与情境的关键性规则，决定谁可以参与何种层次，在活动中担任何种角色，参与者可以做、必须做或不能做哪些事情。如何解决社会情境中发生的冲突，操作规则是参与者之间互相认同、愿意共同遵守的规则。参与者按照角色的规则实现参与。操作规则具体分为以下四种情境。

第一，个体情境中，老年人个体特征是决定社会参与需求的内在动力。在参与社会活动时，参与意愿是重要前提。影响老年人社会参与意愿的个体特征较多，最为明显的是年龄特征。随着年龄增长，老年人身体、心理都发生了变化，同样的活动可能在老年人上了岁数之后对其不再有吸引力。例如，老年人可能觉得竞技类的活动不再适合自己。除年龄及健康状况外，因退休而来的心理变化、自我认同的降低和人际网络变化也是影响老年人社会参与需求的重要因素。因此，对老年人个体情境变化及行为逻辑的探讨有助于从微观角度描述老年人社会参与个体特征的变化趋势，细化老年人社会参与的需求变化。

第二，家庭情境中，家庭代际关系平衡规则影响老年人社会参与程度和体验。对大部分老年人来说，家庭生活是第一位的，而社会生活是家庭生活的补充或调剂。家庭情境一旦形成，就会深深影响老年人社会参与的观念和态度。传统农业社会，家庭情境主要包含家庭和家族领域的代际关系，是血缘关系的纵向体现[1]。费孝通将我国的家庭情境概括为"抚育—赡养"模式，这是一种父母与子女的双向型反馈模式[2]。即甲代抚育乙代，乙代赡养甲代，乙代抚育丙代，丙代赡养乙代。与西方"甲代抚育乙代，乙代抚育丙代"的单向家庭情境存在差别。这种代际关系下的老年人在家庭中理所当然地被照顾，受子女影响较大。除了抚育—赡养模式外，还存在着子女与父母的交换关系，尽管这种交换在很大程度上是不等价的，父母一方付出的资源和情感都要比子女一方大，老年人往往会扮演家庭服务者的角色，以"看护隔代人""做饭、收拾家务"等劳动换取子女的赡养。这种家庭情境下，老年人的社会参与意愿往往受到限制。不论是哪种情

---

[1] 王跃生.中国家庭代际关系的理论分析[J].人口研究,2008,7(4):13–21.

[2] 费孝通.家庭结构变动中的老年赡养问题——再论中国家庭结构的变动[M]//费孝通社会学文集.天津:天津人民出版社,1985:86.

境，都遵循代际间产出与回报均衡交换的公平逻辑。在家庭代际关系方面，老年人社会参与的重要支持来自家庭成员。老年人在关心子女、照顾隔代人、病期护理等方面，与子女保持着密切的联系，家庭生活和社会参与处于一种既相互补充又相互排斥的状态，因此，对家庭代际关系平衡的研究是老年人社会参与的重要方面。

第三，社会情境中，非正式规则对于老年人社会参与具有重要的作用，能够一定程度上替代职责、法律的强制性规则，使老年人的活动小组保持一致性的目标和调节成员间的冲突。非正式规则包括社会其他群体对老年人社会参与所持的态度与行为意向、人际关系网络、社会道德准则和环境支持程度。社会情境更多地表现为一种主观上和客观上的支持环境及可以为个体所利用的重要外部资源，是人们提供互相帮助、互相共享信息、提供资源的重要手段。Wallston[1]等人认为，社会支持是个人与他人或群体为获取信息、获得心理安慰和安全感与他人进行的联系，这种联系包括正式的工作关系和非正式的私人关系。Cobb[2]认为社会支持还包括从他人那里获得受到尊敬和认可的感受，这是社会支持中的情感支持和尊敬支持。Canlan[3]认为社会情境是生活在周边环境中的人（家人、亲朋好友和左右邻里等）给予的各种支持和帮助，包括钱财、物品、技术和指导。总之，社会情境具有多维结构，社会情境在人与人或人与群体之间发生作用，既包括情感上的关心，又包括工具性、物质性的援助。情感支持涵盖表达尊敬、认可；工具性支持则包括提供金钱、时间和体力上的帮助。关于老年人社会参与情境的研究寥寥无几，大多数研究都是从老年人社会支

---

[1] WALLSTON B S, ALAGNA S W, DE VELLIS B M, DE VELLIS R F. Social support and physical health [J]. Health Psychology, 1983, 2(4): 367-391

[2] COBB S. Social support as a moderator of life stress [J]. Psychosomatic Medicine, 1976, 38(5): 300-314.

[3] CANLAN G. Support system and community mental health [M]. NewYork: Basic books, 1974: 12.

持和社会网络角度进行分析。Wenger[1]通过社会调查法总结出老年人社会支持模型,认为老年人社会支持分为家庭依赖型、社区整合型、自我涵括型、社区依赖型和自我局限型。

第四,国家情境中,老年人社会参与的政策落实和社区基层服务体系建设共同发挥作用。首先,老年人社会参与物质供给离不开制度背景下的养老保险制度和医疗保险制度。老年人社会参与的制度背景需要考虑的老龄政策法律、养老模式、社区管理体制、社会福利制度及我国独特的城乡二元结构五个方面。社会参与需要一定的资金支持,老年人退休后,收入均比退休前有不同幅度的减少,收入基本来自养老保险。养老保险有城镇职工基本养老保险、城镇居民养老保险、新型农村基本养老保险等。公务员、事业单位退休之后的老年人享有养老保险和退休职工福利,能够支付起费用较高的社会娱乐等活动。例如参加培训班、购买摄影仪器、出国出境游等。而农村地区的老年人享受到的新农保比城市老人标准低,基本上只提供基本生活费用,无法供给老年人的社会参与活动。值得一提的是,城市老年人也面临不同收入阶层和退休前工作单位性质差异而享受到不同的养老保险待遇,经济效益好的企业的养老保险比效益差的企业要高出很多。不管何种参保形式,老年人面临的社会活动参与成本都是一样的,甚至对于一些收入更低的老年人来说,由于居住远离市中心,交通费用、信息费用等社会参与成本比收入高的老年人负担更大。由此,产生老年人社会参与制度上的不公平。其次,社会管理机制也是国家情境中老年人社会参与工具性支持的重要方面,以老年人社会问题为工作目标的老年福利事业体系一直包含在各国社会工作之中。当前,老年人社会参与的范围和内容正在扩大,与老年人相关的产业、经济活动、慈善机构、公共部门组织的活动、工作单位或是社区自组织活动等社会参与形式五花八门。老年人

---

[1] WENGER G CLARE. A network typology: from the theory to practice [J]. Journal of Aging Studies, 5(1): 147-162.

社会参与的管理不再仅仅是政府相关职能部门的事情，社区、居委会等组织正在发挥越来越大的作用，产生这种趋势的直接原因是老年人社会参与需求的多元化。因此，在老年人社会参与的活动规范和相关标准，以及组织者的申请等方面，社会管理机制的供给显得尤为重要。再次，在社区方面，社区是老年人社会参与支持最直接的供给者。社会结构的多元化和社区发展健全，是老年人社会参与多元化的基本条件。虽然我国政府在社区文化建设方面做出了很多有力的举措，但目前社区在积极引导老年人参与公共事务和开展活动方面仍显得力不从心。最后，老年人社会参与的情感支持还与社会尊老敬老的文化环境有关。本书将对我国孝文化的传统理念进行阐述，进而分析中国现代社会人们对待老年人社会参与态度和观念的变迁与实践，以及对老年人社会参与的支持情况。

第三章 个体情境中的老年人社会参与

第一节 老年人社会参与个体情境

一、增龄带来的生理、心理变化

一种固有的社会观点认为，增龄与参与障碍具有相关性。其实，人的衰老过程遵循着一个可以观察到的生理变化模式，大部分增龄带来的正常生理变化并不应被当作"参与障碍"来对待，而有些影响正常行为能力的严重疾病才属于真正意义上的老年人社会参与障碍。

1. 生理变化与社会参与

生物学把开始衰老定义为在一段时间内肉体及其组成部分发生变化的正常过程。虽然在大多数人的理解上，衰老常常与疾病相伴，例如老年性痴呆症、关节炎和心脏病等疾病的发病率随着年龄的增长而增加，但是这个过程对一切活的有机体来说都是逐渐发生和共有的。

区分增龄带来的正常衰老和疾病是必需的，因为身体状况是老年人社会参与的晴雨表，身体感觉如何是决定老年人今天是否出门、是否参加某项活动、是否进行社会交往的关键因素。据统计，我国65岁以上的老年人中超过80%的人患有一种或一种以上的慢性疾病，65岁以上30%的老年人同时患有三种或三种以上的慢性疾病。可见，老年人更容易受到身体健康状况的限制，一旦"潮湿的天气使得多年的关节炎又发作了"，他们便不得不留在家中。在征求老年人参与某项外出活动的意愿时，更多的老年人倾向于采取模棱两可的态度——"到那天看我自己感觉如何再说吧"，而非给出具体的时间安排。因此，很多老年人的体育运动类活动主要考虑健康因素，人为干预的作用有限。老年人的生理变化是影响社会参与形式和手段的重要因素，社会参与的形式、内容需要根据老年人的生理变化进行调整。慢性疾病和增龄带来的常规生理变化能够通过加强护理、改善饮食和锻炼等途径增进身体健康状况，甚至有些失能、半失能的老年人，通过医生的专业建议，也可以进行专门的诊疗式活动、复健活动和支持性小组活动，或是通过设置专门的辅助器材来实现社会参与。例如，我国部分地方设有老年人癌症小组，患有癌症疾病的老年人通过一起活动和娱乐，分享人生经历，共同勇敢面对疾病和痛苦。

闻、嗅、听、触、尝和记忆力等感官功能衰退是老年人社会参与的障碍。感官功能是老年人与人交往、进行基本交流和信息接收的重要条件，它的衰退不如疾病表现得那么激烈、明显，从而不容易使老年人理所当然地得到人们的关照和宽容。因此，对感官功能变化的认识能够让人们意识到与老年人交流需要做出某种改变，对为老年人提供社会参与机会、设计适当的社会参与环境、场所及活动方式等具有重要意义。

视力和听力变化。有研究显示，超过30%的高龄老年人忍受着丧失听力的痛苦[1]，大约仅有10%的高龄老年人还保持着较为灵敏的视力，80岁以上老年人的失明率是所有年龄段里最高的。

视力下降会引起社会参与的许多不便。例如，老年人在晚上或是雾天对于公路上的汽车和障碍物的辨别能力下降，在灯光昏暗的餐厅用餐看不到菜谱，甚至看不清对面坐着的同伴。这就促使老年人改变自己的习惯以

---

[1] VERRILLPRT. Sensory research: multimodal perspectives [M]. Hillsdale: NJ, Erlbaum, 1993: 91-103.

适应环境,如放弃驾驶改坐公共交通,尽量避免夜晚出行,放弃曾经喜欢的餐馆或是改在白天去用餐等。

在听力方面,老年人往往对音调的辨别能力较差,而汉语的日常交流很多都必须通过音调的变化来实现,这就导致老年人使用电话、理解音频视频等二次处理过的声音非常困难,往往与人交流时也处于答非所问、经常打岔的尴尬境地。助听器也不能解决很多问题,因为助听器在放大音量的同时也放大了不必要的背景音,显得声音大而嘈杂,从而难以分辨声源。

以上视力和听力问题困扰着老年人的参与社会活动,很多老年人由于视力和听力上的不便而放弃了很多社会参与机会,例如参加老年大学、去图书馆、参加听证会、办理证件、缴纳费用等。改善这种情况需要重新设计公共环境来帮助老年人适应生理的变化。具体的做法参考表3-1。

表3-1 对视听功能下降的老年人的参与帮助

情境	对听力下降的老年人的帮助	对视力下降的老年人的帮助
公共场所	安装话筒或声音放大器,减少背景噪声;设置老人专门的等待区	醒目的标识;楼梯铺上地毯和颜色反差大的条纹状花纹;保持明亮的光线;交通方便;合适的距离
与老年人对话时	避免在嘈杂的环境讲话;重要片段多进行重复;加上肢体语言和面部表情讲话前进行提示引起注意;清晰、较慢语速讲话	将信息尽可能细致地描述;说话时保持在老年人可见的范围内;远离障碍物;减少疑问的语气
活动时间的限定	避免上下班人流高峰	白天;避免雨天、雾天等天气
阅读文字材料	尽可能多使用文字材料进行辅助,简单的配图	大字印刷,颜色鲜明,带有音频播放功能,配有易得的放大镜

2.灵活性和协调性的变化

随着年龄的增长,每个人都会面临身体功能的衰弱。这种衰弱不仅仅是肌肉量的减少和体力的下降,还包括运动中枢神经和肌肉系统的变化,这使得老年人对外部空间和物体位置的感觉能力下降。有研究显示,老年人通常对自己位置的感觉会偏离5°~20°。老年人到底适不适合运动?什么样的活动量才是适宜的?介于每个个体都有不同的衰老速率,无法一概而论。已有学者给出了老年人在活动中需要回避的错误和改善的方法(见表3-2)。

表3-2 老年人活动中的危险行为及改善方法[1]

不适宜的行为	危险迹象	改善的方法
运动量和运动类型缺乏指导	受伤	活动前咨询医生或体育教练,配备紧急医生或保健员,印发活动小册子
没有热身活动	疼痛	活动参加前后进行简单运动
活动中喘不上气	眩晕	在通风良好、氧气充足的环境下活动,紧急时可让老人手臂上举同时呼气
活动中感到疼痛	酸痛	活动强度降低或停止活动
喝水不够	萎靡不振	增加活动间歇,供应饮用水
空腹、饱腹运动	晕眩,腹痛	避开餐前、用餐时间,提供佐食
活动时间偏晚	失眠	在早上或下午运动
活动中跳动太多、伸展过大	拉伤	减小活动幅度

3.认知能力衰退的争论

智力是认知能力的主要表现。关于年老之后智力是否退化已经进行过

---

[1] COOPER R. Health and fitness excellence[M]. Boston: Houghton Mifflin, 1989: 283.

很多医学测验。例如在对液态智力（Fluid Intelligence）❶的检测中，在去掉时间限制的条件下，年轻的测验对象和年老的测验对象之间的差别十分微小，可以忽略不计。此检测可以证明，老年人由于神经传输介质的退化，反应时间较慢，但静态智力并没有比年轻人差❷。基因或许是决定智力的首要因素，时间并不会对基因产生影响，所以老年时期也一样保持年轻时的智力水平❸。另外，与智力有关的因素还有对单词、数字的表达、口语理解能力、空间把握和推理等，这些能力在幼年或是青年时期不成熟，40岁前会有所升级，到了70岁会呈缓慢下降趋势，但总体还是要比青年时期高❹。一些研究员认为这显然与实际生活条件下得出的经验相悖。会出现这种结果的原因是人为把老年人智力水平拉高，正因为在环境、时间、测试方法上给了老年人过多的辅助，所以导致老年人和年轻人智力上差别不大。

在韦克斯勒成人智力量表测验中（这个量表测试11个项目，包括对液态智力和固态智力的测试），结果显示65岁以上老人完成操作性的测试能力都很差，完成语言测试的能力都比较稳定。这反映出感觉、直觉、精神活动技能等非认知机能方面正发生着与年龄有关的密切变化。在对语言的理解和选取上，老年人拒绝使用简单的"是"或"否"的判断，更倾向于对问题进行综合性描述，年轻人则更易选择简单化回答。例如，

---

❶ 指将已有的知识积累结合在一起，用于解决新问题或完成新任务的能力，与"固态智力"概念相对，固态智力指累积的或保持不变的经验知识。由Schaie在1996年提出。见SCHAIE K W. Intellectual development in adulthood [M] // BIRREN, K W SCHAIE. Handbook of the psychology of aging. San Diego, CA: Academic.1996: 266-286.

❷ SALTHOUSE T A. Shifting levels of analysis in the investigation of cognitive aging [J]. Human Development, 1992, 35: 321-342.

❸ RABBITT P. Does it all go together when it goes? [J]. The Quarterly Journal of Experimental Psychology: Human Experimental Psychology, 1993(46): 385-434.

❹ WILLIS S L, JAY G M, DIEHL M, MARSISKE M. Longitudinal change and prediction everyday task competence in the elderly [J]. Research on Aging, 1992(14): 68-91.

我们在访谈中发现，在关于意愿类问题的回答中，较年轻的人倾向于直截了当地回答"X"或"Y"，上了年纪的人的回答则更加不确定，即当某种情况发生时，则"X"，发生另一种情况时，则"Y"。由此看来，在社会活动中免不了征求老年人的意见和建议时，应该避免通常以年轻人的思维方式为依据设计问题和选项，而应该从老年人的观点出发，考虑其对问题的综合性分析，进行更加细化、带有解决方法及条件选择的交互式沟通。

人们通常认为，随着岁月的流逝，大脑每天都会有成千上万的脑细胞死亡，但是脑细胞的恢复和再生能力是越来越低的，所以衰老导致了记忆力的下降。生活中有很多商家、广告，甚至医疗机构打出各种抵抗老年记忆力下降的保健品信息。更有文学家形容年轻人的记忆力像刻在石头上的字，深刻而牢固；老年人的记忆力像画在海滩上的沙，转瞬即逝。这些观点其实都是对老年人的固有偏见。在没有疾病的情况下，人脑的记忆能力几乎是无限的，除了脑部病变，这一能力不会随着与年龄有关的变化而受到影响。记忆是依靠综合感官和系统性的感觉获取的，老人们表现出来的记忆力衰退，往往是由于某种感官功能的衰退或是身体失调，甚至疾病的缘故。例如，听力或视力的衰弱使老年人看不清写有时间、地点信息的文字，自然不会在脑子里留下深刻记忆；老年人闻不到花朵的味道，自然很难记住花的品种；老年人看不清黑板上的字，自然也记不住课堂上讨论的问题。还有一部分原因是老年人心理变化导致的，疲劳、紧张都能干扰老年人的回忆。

有研究显示，对于老年人来说，记忆的动机发挥着重要的作用[1]。老年人更能区分什么事情更加值得记忆、更加重要。例如，老年人可能忘记中午吃的菜品，但是却清晰记得10年前与家人一起出游的细节；老年人可能不记得自己服用药片的颜色，但能把家里每个孩子的生日记得清清楚

---

[1] WILLIS. Everyday problem solving [M]. San Diego：Academic，1996：287-307.

楚。这体现了老年人倾向于记住自己更感兴趣、更能调动情感的事物,当感官记忆同一种强烈的感情结合在一起时,会使老年人加深记忆,并在反复回味中加深记忆。而对纯粹信息类的事物往往能够通过环境来弥补,如提供日历和记事本等。

老年人参与社会、政治、经济、文化等活动时,需要与不同的人打交道、接受并记忆各种信息,例如银行的密码、活动的地点、时间、联系人长相等,那么遗忘重要时间,耽误会议或是集体行动,忘记带证件或是重要材料的情况也并不少见。"如果某个年轻人在离开公司时忘记他的手机放在何处,人们认为这很正常;如果是老年人干了同样的事情,人们会耸耸肩说'他记忆力不行了'。遗憾的是,如果某人接受了这种陈词滥调,他就成了自然会实现的预言。"❶虽然没有证据支持年轻人由于遗忘犯的错误比老年人少,但是年轻人往往易于通过各种方式来弥补过错,这就使年轻人的遗忘显得不那么重要,老年人的记忆力问题就在与社会的交往中凸显。

所以,需要为老年人参与活动进行人性化的辅助设计,例如注重提供记忆的兴奋点,将引发老年人积极、健康的正面情感融入社会参与中,借助随身小册子、语音、画册等媒介调动老年人的各种感官记忆,让老年人觉得事情重要并且令人愉悦,从而加深记忆。

4.心理变化与社会参与

性格是人先天具有和习得的行为、情绪和认知功能的混合体,它决定了个体如何与环境进行互动❷。在儿童期和青年期,人的性格可塑性比较强,受周围环境的影响比较明显。而到了成年期,性格趋于稳定,不易再发生变化。Erikson认为伴随着人的成长,其性格在一生中有几次关键的变

---

❶ 许国璋.中国大百科全书:国外文学二[M].北京:中国大百科全书出版社,1982:1233.

❷ KOGAN N. Personality and aging [M] // J E BIRREN, K W SCHAIE. Handbook of the psychology of aging. San Diego, CA: Academic, 1996: 330-346.

化时机，分别是孩童期、少年期和退休后，以调整自身回应周围环境的变化。例如，孩子在与人交往中面临的第一个任务是辨别周围的人是否可以信任，如果遭受欺骗，对其之后与人的交往都会留有可能被欺骗的心理戒备。人们要成功地度过每一个人生的阶段，就必须妥善处理在每一个阶段需要面对的社会心理危机。老年期，就是一个既危险又关键的时期。这一时期面对的困难是自我认同和自信心的重拾，它既可以使老年人抗击疾病的困扰，也有可能使其深陷绝望的泥潭。

根据大多数心理学家所持有的观点，人的心理发展遵循个人与环境一致模式，即人们与环境处在动态的相互作用中，人在成长中不断被周围的环境所改造。一个人在一种环境与气氛中的行为方式往往不同于在另一种环境中，他的行为方式取决于环境和社会规范对他的预期，取决于他的需求和动机。进入老年期之后每个人都面临着相似的环境变化，这些变化主要有：①身体的衰弱和疾病的突发，包括之前提到的视力、听力等感官功能的衰退、体力不支，还有精神表现出的记忆力衰退、健忘、懒散、注意力不易集中等；②家庭结构的变化和家中地位的改变，与成年儿女分居、亲人朋友的离世、个人权威的丧失等；③退休后生活方式和社会关系的变化，例如经济能力的降低，人情往来的减少；④面临死亡的威胁，接受伴侣或朋友的逝世、不断住院接受治疗等。这些环境的变化都会给老年人造成非常大的压力，老年人运用一生中积累的知识和经验来应对这些压力，适应自身和环境的变化。有不少研究已经能够证明，人在衰老之后会产生共性的变化。

一方面，变得越来越谨小慎微。老年人在对待压力和面临选择的时候变得更加不易做出回答和犹豫不决。有研究者利用"成对联想法"比较60~69岁的老年人和15~35岁的年轻人之间做出回答的差别。发现在不设时间限制的条件下，老年人和年轻人的差别并不显著。在限定时间的条件下，老年人回答问题有更多的遗漏，而不是错误。这就是说，老年人在对问题的描述进行反复理解后，对不清楚和不了解的问题更倾向于不回答，而不愿意冒猜测和答错的风险。年龄越大的老年人，越倾向于为了回答正确而牺牲速度。同时不管是老年男性还是老年女性都要比年轻男女更加谨慎，在面对较困难的问题时，年老者更倾向于回避问题和不作答，尽量挑选简单易懂的问题。在面对经济问题时，老年男性比年轻男性更加谨慎。这种结果为"老年人年纪越大越倾向于谨慎的性格，不愿意承受风险"的结论提供了部分证据。

老年人能否适应环境变化，关键是应对压力能力的强弱。老年人应对压力的能力可以通过三个方面来衡量：一是对压力的感知阈度。即当情况有多紧急时，才会引起老年人的紧张和对压力的感知。有的老人对隔壁邻居发生抢劫案感到紧张，而有的老人看到新闻报道中的入室抢劫就会感到很大压力，尽管抢劫案发生在离他很远的地方，这就是阈度不同。年轻人的阈度一般比老年人大，老年人会从新闻报道上的诈骗案、抢劫案等负面报道中感到对社会及陌生事物的恐慌，反复验证门锁、远离他们认为不安全的网络购物和手机支付，不放心使用洗碗机、清洁机器人、移动电源等。有些人把老年人的这些表现视为"神经兮兮""过分紧张"，但其实这是老年人压力阈度过大，没有及时疏导导致的。二是对压力的掌控程度。老年人对压力是能够自我消化的，这与身体状况、个人性格和时间因素有很大关联。身体健壮、个性乐观开朗的老年人面对压力往往总能很快找到解决的办法，或是接受现实的变故尽量不让其对自己的生活产生影响。大部分老年人也有这个能力，但是需要的时间可能更长一些。三是能否获得支持系统对老年人处理压力非常重要。子女、配偶、亲人朋友或是社区工作者对问题的剖析和帮助能够让老年人充分感到安全感。因此，在社会活动参与中，需要专业人员对老年人的情绪进行实时监测，随时为老年人遇到的问题提供咨询、帮助和服务。

另一方面，男性和女性差异越来越小。随着年龄的增长，性别角色会出现交叉，尤其是已婚的老龄夫妻之间，伴侣会承担传统上属于另一个人的工作和角色。例如，男性可能更多地参与购物、烹饪、清洁和教养下一代；女性则变得更加果断和为家庭的大事拿主意。女性在家中的地位会逐渐上升，这主要体现在成年子女更易与年老的女性交流，通常是与女儿成为知己，在丈夫健康状况较差时尤其如此。

二、退休带来的资源与人际网络变化

在过去的几十年中，退休给老年人带来的影响一直是备受关注的问题。退休是人生命进程中的一个重要阶段，是人与社会发生关系的重要转折，它意味着一个人的角色从过去的职业者抽离出来，变成了纯粹的家庭角色；人际关系从过去的职位衍生关系转变为地域性、血缘性关系；日常生活也有了大量自我支配的时间。角色理论指出，老年人的角色转变对于个人身份认同和社会认同十分重要，退休意味着老年人失去过去的职业角色和带来的利益网络，导致社会人身份的断裂，从而退休后的老年人自我认同感程度更低，生活态度更加消极和倦怠[1]。但同时该理论也指出，社会角色的转变使老年人从工作状态中抽离出来，摆脱了工作的压力，拥有了更多的闲暇时间，有利于老年人获得愉悦感[2]。连续性理论则认为，人类具有迅速调整自身以适应环境变化的特性，老年人不会长久陷入退休带来的喜悦或是沮丧的心境当中，而是经历过一段时间的适应期之后，回到退休前的状态，退休前后总体的感受应该是相差不大的。关于退休对老年人生活的影响在理论和实证上并没有一致的结论，但是可以确定退休作为老年人群体的重要特征，对老年人社会参与产生了重要的影响。对于在职的人来说，社会参与理论上是不存在的，因为他们一直与社会

---

[1] PINQUART M, SCHINDLER I. Changes of life satisfaction in the transition to retirement: a latent-class approach [J]. Psychology and Aging, 2007, 22(3): 442–455.

[2] JOKELA M, FEME J E, GIMENO D, et. From midlife to early old age: health trajectories associated with retirement [J]. Epidemiology, 2010(21): 284–290.

保持着紧密的联系，与其说"社会参与"，不如说"公民参与"更容易理解。但是对于老年人来说，社会参与显得更有针对性和更加具体。一方面，老年人离开了与社会发生关系的源泉，需要寻找其他的因素来激发老年人社会活动的动力，或是重新建立经济联系，或是情感需求，或是他人的推动与影响等。另一方面，老年人需要重新遵守社会参与的规则，规则不是来自单位等权威机构，而是在法律框架下的道德自治或是群体非正式规则。

退休带来的变化主要体现在两个方面。一是经济资源的变化。经济资源指的是收入和消费的变化。一般来讲，老年人退休后的经济收入不如退休前，可能会导致老年人生活水准的下降。经济条件变化将会给老年人带来不安全感和社会地位及自我认知的降低。但是也有研究发现，对于生活比较富裕或是积累财富较多的老年人来说，收入降低并不会对其生活质量产生影响，反而因为养老金和个人储蓄等稳定的收入来源使他们获得经济安全感。可见，退休的时机、个人是否做好退休的准备是影响退休对老年人的经济冲击的重要因素[1]。收入与消费关联性较强，退休后老年人的消费水平明显下降[2]，这些经济资源的变化会影响老年人退休后的生活方式。在收入降低、消费水平下降的情况下，老年人更倾向于参加免费的社会活动，减少为社会活动支付的经济成本，包括交通费、消耗品花费等。这限制了老年人社会参与的范围和品质。二是人际关系网络的变化。社会参与是老年人与社会发生关系的过程，人际关系与社会网络支持对老年人社会参与具有非常重要的作用。退休后，老年人的人际交往网络关系会随之发生变化，人际关系网络会影响老年人社会参与的行为和观

---

[1] BARRETT G, KECMANOVIC M. Changes in subjective well-being with retirement: assessing savings adequacy[J]. Applied Economics, 2013, 45(35): 4883-4893.

[2] 鲁元平,张克中.老有所乐吗？——基于退休与幸福感的实证分析[J].经济管理,2014(8): 168-178.

念。保持紧密的人际关系会对老年人提升自我认同感,获得社会参与的动力提供帮助。

三、个体特征与老年人参与意愿的内在联系

增龄带来的生理、心理变化和退休带来的人际关系和社会资源变化,都是影响老年人社会参与的重要个体因素,老年人参与社会活动的行为意向受个体因素的影响最为显著。本节利用对T市的问卷调查A的数据,对个体特征与老年人参与意愿的内在联系进行分析。

首先,对老年人社会活动的意愿进行分类。老年人在空暇时间愿意参与的社会活动可以分成七大类:①文体活动(包括健身、舞蹈、书法绘画、音乐戏曲等活动);②出行旅游(包括随团旅游、单位组织、家庭出游等);③人际交往(包括走亲访友、同学聚会、生日聚会、票友聚会等);④学习(老年大学、培训班等);⑤社区公共事务(社区委员会选举、建言、社区治理等);⑥志愿服务(包括公益志愿、卫生绿化、邻里互助等);⑦仍然工作(见表3-3)。

表3-3 城市老年人分类别参与社会活动意愿分布

分类	变量值	频次(人)	累积百分比(%)
文体活动	愿意 不愿意	218 135	61.8 99.2
社区公共事务	愿意 不愿意	93 260	26.3 99.2
人际交往	愿意 不愿意	216 137	61.2 99.2
学习	愿意 不愿意	13 340	3.7 99.2

续表

分类	变量值	频次(人)	累积百分比(%)
出行旅游	愿意	136	38.6
	不愿意	217	99.2
志愿服务	愿意	167	47.3
	不愿意	186	99.2
工作	愿意	11	3.1
	不愿意	342	99.2

从表3-3中可以看出，老年人对文体活动的参与意愿最为强烈（占61.8%），其次是人际交往（占61.2%），其余各项依次为志愿服务（47.3%）、出行旅游（38.6%）、社区公共事务（26.3%）、学习（3.7%）及工作（3.1%）。还有个别老年人选择了不愿参与任何社会活动。

老年人对社区公共事务的参与意愿较低，70%以上的老年人表现出对其长期生活的社区事务的漠不关心。参与志愿服务的意愿超过了40%，有老年人表示，参与社区志愿服务能够让他"感到自己很有用"，说明老年人能够通过参与志愿服务感到自身能够继续为社会发挥作用，从而获得心理满足感。

其次，对老年人社会参与意愿的个体情境因素进行分析。以是否参与某一类型社会活动为因变量，建立Logistic回归模型，模型结果见表3-4。

表3-4 老年人社会活动意愿各变量的二项Logistic回归模型汇总

解释变量	文体活动	社区公共事务	人际交往	学习	出行旅游	志愿服务	工作
性别 男（女性为参照组）	−0.478	0.376	−0.345	—	—	—	0.410

续表

解释变量	文体活动	社区公共事务	人际交往	学习	出行旅游	志愿服务	工作
年龄							
80岁+（参照组）							
60~64岁	0.327	0.276	1.375	0.856	0.122	0.321	0.390
65~69岁	0.827	0.080	1.223	0.788	0.148	—	—
70~74岁	0.615	0.324	0.485	—	0.034	—	—
75~80岁	—	0.037	—	—	—	—	—
教育背景							
文盲或小学参照组							
初中、中专	1.002	—	−0.343	−0.471	—	0.335	0.140
高中	0.493	1.217	0.484	0.123	—	0.839	—
大学及以上	0.231	1.657	0.342	1.466	—	0.667	—
健康状况（自评）							
不好（参照组）							
一般	0.233	0.876	1.455	0.754	—	—	—
非常好	0.687	0.374	1.465	1.743	0.554	—	1.450
参与难易自评							
不容易（参照组）							
容易	0.846	0.568	0.778	0.796	—	—	1.340
经济状况自评							
拮据（参照组）							
够用	0.287	—	—	—	1.231	1.627	−2.300
富足	—	—	1.664	—	0.485	0.872	−1.200
退休前单位							
无业（参照组）							
政府机构事业单位	—	—	1.837	—	—	0.720	−1.900
国企	—	—	0.287	—	—	0.522	−0.300
外企	—	—	—	—	1.573	−0.324	—
个体工商业	—	—	—	—	—	—	—

续表

解释变量	文体活动	社区公共事务	人际交往	学习	出行旅游	志愿服务	工作
务农	—	—	1.223	—	—	0.020	—
朋友数量							
无朋友（参照组）							
2个以下	—	—	—	—	—	—	—
2～5个	0.778	—	0.897	—	—	—	—
5个以上	0.790	—	0.324	—	—	—	—
χ^2	435.372	37.395	49.387	14.298	365.098	124.018	23.300
α	0	0	0	0	0	0	0

注：表中的数值为回归系数 B 值，"—"表示 $P>0.050$，无显著意义

（1）文体活动的参与意愿。从具有显著意义的变量来看，性别变量回归系数为负值，说明男性比女性较少参与社会文化娱乐活动，且男性对文化娱乐活动的参与比只有女性的62%。从年龄上看，随着年龄的增大，老年人参与文化娱乐活动的积极性也在降低，65岁以下、70岁以下、75岁以下老年人参与文化娱乐活动的比率分别是80岁以上老年人的1.39倍、2.29倍和1.85倍，75～80岁的老年人同80岁以上老年人在参与文体活动意愿上没有显著差异。

教育背景对老年人文体活动参与也有显著影响，初中及初中以下教育水平的老年人在文体活动参与意愿方面没有显著差异。初中学历的老年人文体活动参与比率分别是文盲、小学文化老年人的2.72倍（EXP1.002=2.72），但初中受教育水平以上，则文化水平越高，老年人的参与意愿越低。

从健康状况上看，自认为身体健康状况很好的老年人比认为健康状况差的老年人参与文体活动高出1.78倍；认为经济条件"够用"的老年人参与社会文体活动比"经济拮据"和"经济富足"的老年人都活跃；对社会参与抱有乐观态度的老年人比认为社会参与非常"困难"的老年人活动积

极性更高。同时，老年人文体活动参与意愿还表现出老年人在交往朋友数量上的差异。有两个及两个以上亲密朋友的老年人参与文体活动的兴致更高，分别为无朋友者的2.17倍和2.10倍。

（2）社会公共事务的参与意愿。老年人对社区参与难易程度的感受具有统计学上的显著意义。从回归系数上看，觉得社区参与"容易"的老年人参与社区公共事务意向是自认为困难的1.76倍。社区公共事务参与也存在性别上的差异，男性老年人的参与发生比高于女性老年人。从年龄上看，低龄老年人公共事务参与的意愿较高，但是65~70岁年龄段的老年人的参与率比较低，可能是由于这个年龄段的老年人把更多的注意力转移到照看下一代的任务中去。朋友数量、经济状况和退休前的职业均不具有统计学上的显著意义。

（3）社会志愿型活动的参与意愿。参与志愿活动的老年人基本没有性别和年龄的差异，除了低龄老年人参与志愿活动的热情稍高一点（37%）外，其他年龄段均没有显著区别。老年人参与志愿活动意愿受教育背景、退休前职业和经济条件的影响显著。具体表现在，初中学历以上的老年人参与志愿活动的比例更高，具有初中学历、高中学历、大学及以上学历的老年人参与志愿活动的发生比分别为文盲和小学学历老年人的1.4倍、2.3倍和1.9倍。退休前职业为外企员工的老年人志愿服务的回归系数为-3.24，说明退休的外企老年人参与志愿活动的发生比是无业人员的72%，降低了28%。

在经济情况方面，自我经济评价"够用"和"富足"的老年人其志愿活动的发生比是困难老人的5.1倍和2.39倍。而经济条件困难的老年人更多选择继续工作，补贴家用。

（4）其他类型事务的参与意愿。朋友数量是人际交往活动的重要因素，但并非朋友越多，参与人际交往活动就越积极，反而朋友数在2~5个之间的老年人最常发生人际走动，其发生比是无朋友老年人的2.45倍，5

个以上好友的老年人人际交往发生比则为无朋友者的1.38倍。另外，退休前在政府和事业单位工作的老年人，以及务农的老年人更喜欢参加人际交往活动，其回归系数分别为1.837和1.223；其次是国企员工，比无职业的老年人人际交往的发生比高33%；在外企工作过的老年人最喜欢出国旅游，其外出旅游的发生比是其他职业老年人的4.82倍，且具有统计学上的显著意义。

第二节 个体情境中的行动逻辑

一、进入规则

个体特征是老年人决定参与某项社会活动及参与程度如何的重要因素。因此，个体情境的进入规则是老年群体个体特征是否与活动内容相匹配的前提。需求是老年人社会参与的内在动因。老年人个体特征决定了其社会参与需求的类型和特点。有研究显示，离休老人的社会参与需求丝毫不少于在职人员，甚至在社区管理、社区活动、讨论国家政策等领域有着比年轻人更高的热情[1]。这是由于，一方面，离退休人员的闲暇时间最多，有充足的时间来参加社区组织的活动和公共事务；另一方面，离退休人员具有社会参与的心理需求。表3-5显示了老年人社会参与的精神需求、物质需求和制度需求。精神需求指社会参与与老年人心理缺失的契合程度，或者说社会参与能够在多大程度上满足老年人的心理需求。物质需求指活动组织和举办需要花费的人、财、物，即老年人实现社会参与所需的包括活动场所、费用、活动器材等物质条件。制度需求是老年人社会参与的制度安排，它是老年人社会参与的基础保障。

---

[1] 危莉. 基本公共卫生服务均等化公众参与策略研究[D]. 武汉：华中科技大学，2012.

表3-5　老年人社会参与需求类型

精神需求	1.您近期最多感受到的情绪是下列哪种？	A.充实快乐　B.无聊平淡　C.悲观失望　D.无特别感觉
	2.社会参与最常给您带来以下哪种感受？	A.愉快　B.自信　C.满足　D.兴奋　E.愤怒　F.无助　G.失望
	3.参与社会活动是否有助于您走出负面的情绪和心理？	A.非常有帮助　B.有一定帮助　C.一般　D.几乎没帮助　E.毫无帮助
	4.社会参与对您来说的重要程度	A.生活必须,非常重要　B.生活调剂,可有可无　C.生活附属,无关紧要
	5.您参与社会活动的目的是什么？	A.获得报酬　B.打发时间　C.锻炼身体　D.结识伙伴　E.调节心情　F.实现自身价值　G.无目的
物质需求	1.您参与社会活动需要哪方面的支持？	A.交通　B.场地　C.资金　D.信息　E.饮用水、休息室、阅读室、电脑、健身器材等设施　F.身体健康检查　G.安全保障
	2.目前的老年人社会活动是否足够？	A.很不够　B.比较不够　C.一般　D.比较够　E.非常够
制度需求	1.您参与社会活动的渠道有哪些？	A.社区居委会组织　B.社区成员代表大会和业主委员会　C.政府、老龄事务管理机构举办大型活动　D.公益机构组织的活动　E.居民自发组织的社区小社团活动　F.企业或原工作单位组织的退休职工活动
	2.您希望有以下哪些改进措施？	A.为老年人提供更丰富的活动内容和种类　B.活动内容和方式征询老年人意见　C.提高活动组织者的水平和素质　D.增添活动趣味性和价值型　E.为老年人活动集中区域设置便利安全的交通　F.为老年人提供热水、保健医生、指导老师等　G.为老年人参与活动的意外伤害提供保险　H.以上均无

对T市的调查结果显示，从精神需求来看，老年人参与社会活动最主要是为了满足自身的表意性需求，老年人最喜欢参与其中的是文体活动，选择"非常愿意"和"比较愿意"参加的人数占到75.7%；选择为社会做公益活动的老年人占15.2%，选择参与社会（包括社区）公共事务的有12.7%。在社会参与的原因方面，50.6%的老年人参与社会活动是为了调节心情，43.3%的老年人是为了"实现自身价值"，其次是"结识伙伴"。功利性需求则相对较少，有30.1%的老年人是为了"锻炼身体"，"打发时间"的老年人占19.2%，而选择"获取报酬"的老年人仅有不到3%。可以看

出，老年人清楚地认识到社会参与属于一种精神文化活动，而并不将其与获取物质利益挂钩。老年人普遍认为社会参与能给他们带来比较积极的情感体验，如充实感、快乐、实现自身价值等。对于69%的老年人来说，社会参与有助于他们走出负面、消极的情绪，排解内心的苦闷。可见，老年人社会参与多出于调节心情、与人交往、充实自身、体现自身价值等精神需求。但是，尽管老年人大多承认了社会参与带给他们精神生活的积极作用，社会参与仍然被他们看作是一种生活调剂品，而非生活必需（占70.8%）。因为在老年人看来，医疗保健、吃穿住行等才是生活必需品，而精神、情绪等往往是一时的、暂时的，不用付出努力也可以随着时间改善和调节。从需求产生机制来看，自然驱动产生的需求❶是最强烈和稳固的，而传统观念上，精神需求还未被看作是人为了生存和发展而对外界物质产生的实际需要。

在社会参与的物质需求方面，对饮用水、健身器材等人性化的公共服务设施的需求占第一位，为45.7%；对活动信息的了解需求占第二位，为31.8%；参与活动的"安全保障"占第三位，有30.1%的老年人选择此项。这反映出老年人更为细致的服务需求。有研究表明，目前社会活动场所及公共空间的选取和设计都属于粗放式的，不完全匹配老年人的活动规律和生理需求❷。在国外，很多老年人活动场所均配有专业的急救医疗设备和保健医生、干净的饮用水和科学的送餐服务。在活动开展的数量方面，超过半数的老年人认为目前的老年人活动"非常不足"或"比较不足"。由此可见，老年人社会参与物质供给在数量和质量上均未满足其需求。

在社会参与的制度需求方面，城市老年人活动渠道较为单一，多以社区自发性活动为主（占66.3%），随后是社区举办的活动和原单位为退休职工举办的活动。由政府职能部门、街道社区或是公益组织发起的活动，参

---

❶ 丁纪平.市场营销学[M].北京:人民邮电出版社,2011:32.

❷ 林勇强,史逸.城市老年人室外休闲行为初探——以老年人室外活动场地设计为例[J].规划师,2002(7):81-84.

与者众多、具有规范的活动规划和形式,但是这种活动的参与体验往往较差,让老年人对此失去信心。老年人在访谈中提出社区活动多是座谈会、讲座等形式,活动内容单一无趣,不能引发老年人的参与兴趣。一位居住在"老年宜居示范社区"的老年人说:"我们这总有活动,计生委的、社区的、医院的,都来。他们搞的活动都是做做样子,拉拉横幅,发发册子,拍拍照,一个上午就完事了。义诊也诊不出个所以然,就量量血压,让你过几天再去医院检查。"这反映了老年人对社区参与的效果不甚满意。而单位福利性活动多为竞技性比赛和旅游、疗养,对身体健康水平要求较高。可见,活动的内容及广泛程度均不能达到老年人的需求。

老年人认为应改进的措施中,除为老人提供意外伤害保险意向选项较少人选择外(占30.4%),其他选项差别不大,均占到60%左右（H项除外）。但是在问卷填写过程中很多老年人指出,这是理想化的措施,现实中根本不可能实现。例如,"为老年人提供热水、保健医生、指导老师等""活动内容和方式征询老年人意见"等,他们只是选择了理想化的情况。这说明大部分居委会和社区还不具备改善老年人参与社会活动的条件,老年人基层建议制度、老年人代表制度、老年人社会参与规范、老年人宜居环境建设等制度基本没有成型。

二、操作规则

在具体的操作层面,老年群体特征如何影响其社会参与的信息获取、成员互动和沟通?

第一,使用让老年人感到熟悉、便于操作和调动多种感官的传递工具,避免单一性。老年人受到生理特点影响,最常用的方式为音频和视频相结合的电视媒体,可以调动多种感知器官,便于老年人的理解和记忆。如图3-1所示,城市老年人最常用的"获取外界信息的媒介"是看电视,占90.17%;其次是听广播,占37.92%;看杂志和读报纸的老年人总共占到31.74%；利用互联网上网的老年人则非常少，占比为7.87%；利用手机终端（短信、微博、微信等）的老年人仅为2.81%。这说明要提高老年人对社会参与信息的敏感度，必须遵从老年人获取信息的规则。

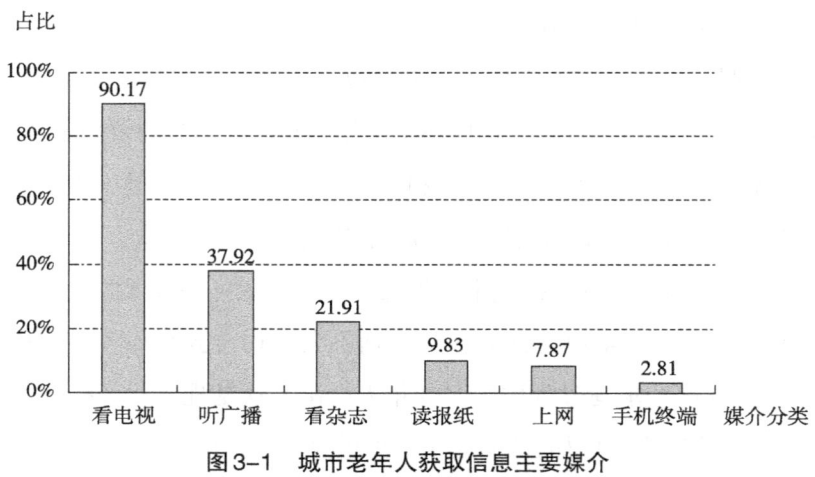

图3-1 城市老年人获取信息主要媒介

第二，在信息获取的时间上匹配老年人的作息规律。老年人使用媒介获取信息的时间段有明显的特点（如图3-2所示）。如上午12~14点（占20%）、下午6~10点（占51%）是老年人看电视的高峰期；晚上10点之后仍然看电视的老年人非常少（占9%）。听广播的时段呈单调递减趋势，老年人早上6~8点听广播的人数最多（占49%），之后逐渐减少。看杂志与读报纸的老年人集中在上午8~12点（占58%），选择晚上和下午阅读的人比较少，分别占9%和13%。与阅读相比，上网、手机、电视等新媒介的利用多集中在下午和晚上，分别占68%、70%、69%。这可能是因为老年人喜欢在阳光充足的上午阅读，晚上光线差，则选择亮度较好的媒介。老年人进行信息获取在中午12~14点呈现一个低谷态势，可能是由于午间老年人更希望休息。手机终端利用率虽然低，但是在使用时间段上对其他媒介形成了一个明显的弥补态势，即使用手机的老年人，倾向于在不用其他媒介的时候（12~14点）使用手机终端获取信息。因此，遵从老年人作息时间规律，是促进老年人社会参与的重要规则。

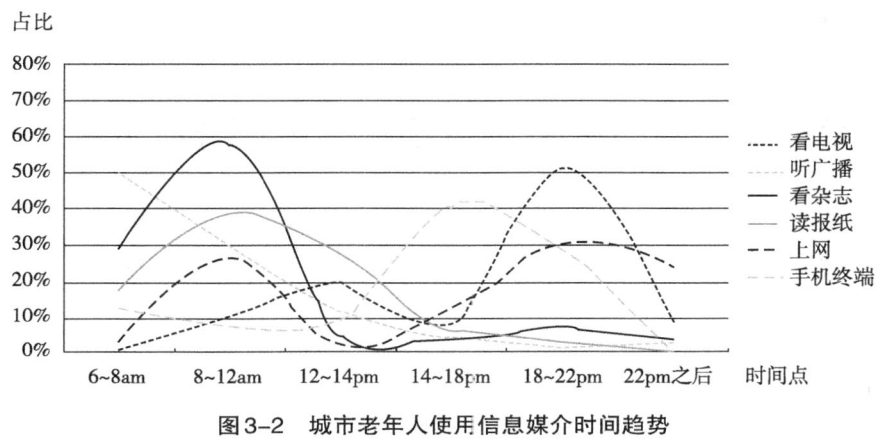

图3-2　城市老年人使用信息媒介时间趋势

第三，在信息告知方式上匹配老年人的情感，如以信任为基础，采取熟人、家人转告或面对面的交流方式。在参与信息的告知方法中，最为老年人接受的是入户走访和面对面的交流告知，选择此项的老年人达到96%；其次是电话告知，有75%的老年人选择此种方法；再次是开会、书信及网上告知。在老年人的信息获取对象方面，老年人最熟悉和信任的还是家人与朋友，有85%的老年人愿意从家人和朋友那里得到社会活动的消息；其次是社区/街道/居委会工作者，80%的老年人愿意从社区那里得到社会活动的开展情况；有64%的老年人愿意从新闻媒体那里了解社会活动的信息。可见，老年人社会参与的主要途径仍然是通过亲人、朋友、社区人际网络，通过面对面的语言传播来了解社会参与的相关信息。大多数老年人不愿使用电脑等现代信息媒介，这一情况在高龄老年人群体中尤为常见。而随着信息化和数字化时代的到来，很多低龄老年人已不再把电脑当作稀罕物，经常从互联网中获取信息、获得交流，甚至办理日程生活事务。

因比，要看到老年人的信息沟通模式将发生变化，要建立起老年人智能社区信息服务，使有条件运用互联网传播手段的老年人能够享受到便捷的信息服务和参与渠道，同时为高龄老年人提供社区信息展板和老年服务热线电话，为习惯传统信息获取方式的老年人提供多方位的参与信息与渠道。

第三节　案例分析：影响社会参与程度的个人因素

一、老年人社会卷入

社会卷入度是体现老年人社会参与质量和程度的重要概念。卷入（Involvement）最初用于传播学中衡量产品宣传对于消费者的吸引程度，后来被广泛用于组织学和经济学领域❶。马克·格兰诺维特最早将这一概念引入社会网络分析中，卷入度指关系的强弱，包括互动频率、亲密程度、关系持续时间及相互服务的内容等❷。这里利用"卷入度"概念描述老年人与社会活动发生联系的强弱程度。

卷入度可以理解为对某个活动、某个事物、某个产品与自己的关系或重要性的主观体验状态。卷入程度越高，说明对象间的关系和影响越紧密。老年人的社会卷入度指老年人对社会活动与自己的相关性的主观体验和状态，即老年人对于所提供的社会活动的感知和参与情况。它是一种主观感受，老年人认为自己参与社会活动能够对该项活动产生价值，能够对处在社会活动中的他人或是自身产生影响。也就是说，老年人社会卷入度是对参与某项社会活动前后，引起他人或自身变化的认知程度。

根据马克·格兰诺维特提出联系强度的概念，老年社会卷入度也分为强卷入和弱卷入。弱卷入体现为观念与心理上的认可，当弱卷入强化到一

---

❶ 龙立荣,方俐洛,凌文辁.组织职业生涯管理及效果的实证研究[J].管理科学学报,2002(4).
❷ 兰建平,苗文斌.嵌入性理论研究综述[J].技术经济,2009(1).

定程度，则会表现为实际的社会参与行动，这种行动分为个体参与和深层互动参与。为了测量老年人的社会卷入程度，本次调查从弱卷入到强卷入构建了量化框架，见表3-6。

表3-6 老年人社会卷入度指标体系框架

老年人社会卷入度	观念和行为(5分)	对社会参与者的看法	参加社会活动是一部分身体好、有地位、积极的老年人的事，而不是所有的老年人	认同记0分，不认同记1分
		对自我社会身份的评价	社会是年轻人的，人老了身体不便也没有地位，就应该待在家里	认同记0分，不认同记1分
		社会参与行为	我愿意外出去参加感兴趣的活动，或是和其他人打交道	认同记1分，不认同记0分
			我可以成为活动策划人或是组织者，担负起组织老年人活动的责任	认同记1分，不认同记0分
			坚持参与某项社会活动的时间可以达到1年以上	认同记1分，不认同记0分
	获得支持(5分)	客观支持	平时的闲暇时间是否足够	是记1分，否记0分
			平时是否容易找到倾诉感情和事件的对象	是记1分，否记0分
			所在的社区是否经常组织老年人的社会活动	是记1分，否记0分
		主观支持	家人心理上认同我的参与，认为是有意义的	是记1分，否记0分
			我感觉其他人赞许、鼓励我参与社会活动	是记1分，否记0分
	信息获取(7分)	使用哪种媒介	广播、报纸等传统媒体，网络、手机终端等现代通信手段	每个媒介记1分，不使用记0分
		使用哪种交流方式	面对面交流方式：与家人朋友交流、社区服务者上门宣传等	每种渠道记1分，无渠道记0分
			远程信息交互渠道：新闻媒体报道、网络微博、朋友圈	
	参与兴趣(4分)	与家人分享	是否与朋友或家人讨论过与自己所参与的社会活动有关的事情	是记1分，否记0分
		话题讨论	是否在节假日家人、朋友、同学聚会中公开谈论过与自己所参与的社会活动有关的事	是记1分，否记0分
		困难解决	是否主动找家人、朋友帮忙解决过参与活动中遇到的问题	是记1分，否记0分
		文化传递	是否与隔代人讨论过与所参与活动相关的事情	是记1分，否记0分

二、老年人社会卷入中的"文化滞后"现象

社会卷入度各项平均得分如图3-3所示。数据显示，老年人口的社会卷入度各维度由高到低依次为观念和行为、获得支持、信息获取、参与兴趣。其中，老年人的社会参与观念和行为为隐性维度，信息获取和获得支持为外在显性维度，可见老年人具有较高的社会参与的认知和意愿，但是缺少社会支持和社会环境。社会学家奥格本将这种社会变迁过程中，文化集丛中的一部分落后于其他部分而呈现滞后的现象，称为文化滞后。❷社会发展中发生这种失调是很正常的，而且总体上，物质技术的变化会发生在适应性文化之前。

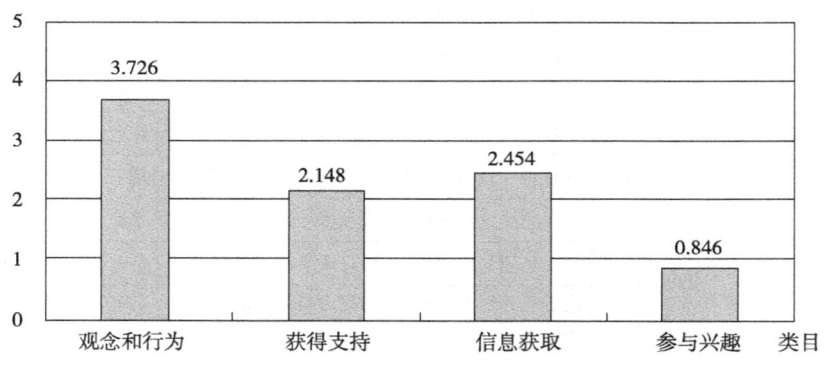

图3-3　各维度社会卷入度得分情况

将老年人口社会卷入度四个维度进行相关系数分析，结果见表3-7。数据显示，这四个纬度之间的简单相关系数均为正值，P值均小于0.05，

---

❶ "信息获取"维度得分为2.454分，虽然高于"获得支持"维度，但考虑到其分值范围为0～7分，而"获得支持"维度分值范围在0～5分，相对来说，"信息获取"维度的得分处于总分范围的更偏低部分。

❷ 威廉·费尔丁·奥格本.社会变迁——关于文化和先天的本质[M].王晓毅，陈玉国，译.杭州：浙江人民出版社，1989：24.

因此卷入度四个维度之间呈现高度的内部正相关性。可以说,老年人社会参与观、社会参与的客观支持环境是相互作用、相互影响的,共同对老年人口的社会卷入度起作用。任何一个维度出现短板都会拉低老年人口整体社会卷入度,都无法真正实现社会参与。而当前,我国城市老年人口社会参与卷入度中出现了"短板",即信息获取维度和参与兴趣维度均分值较低。

表3-7 老年人社会卷入度各维度相关系数

类目	观念和行为	获得支持	信息获取	参与兴趣
观念和行为	1	0.352**	0.265**	0.454*
获得支持	0.352**	1	0.378**	0.221**
信息获取	0.265**	0.378**	1	0.173**
参与兴趣	0.454*	0.221**	0.173**	1
Sig.(2-tailed)	0			
N	514			

注:*Correlation is significant at the 0.05 level(2-tailed)

**Correlation is significant at the 0.01 level(2-tailed)

三、个体特征对老年人社会卷入度的影响

以社会卷入度为因变量,以年龄、性别、职业、文化程度和健康状况等为自变量,对城市老年人社会卷入度的影响因素进行多元回归分析。自变量中的定性数据的赋值情况为:性别男=1,女=0;受教育水平文盲=0,小学=1,初中=2,高中或中专=3,大学及以上=4;居住方式独居=0,仅与配偶同住=1,与配偶和子女同住=2,其他=3;(退休前)职业工人(厂矿工人、建筑工人)=1,商业服务人员(家政服务人员、销售员、餐饮服务员)=2,个体户=0,专业技术人员=3,党政机关及企事业单位工作人员=4,其他=5;健康状况自评好=1,一般=2,不好=0。回归分析结果如表3-8

所示，总体模型调整 R^2=0.794；$P<0.05$，说明方程总体解释力度较强；F=83.191，在统计学意义上具有显著性。

表3-8 老年人口社会卷入度影响因素多元回归分析结果

	纳入回归方程的变量	B	Beta	t	P	Exp(B)
受教育水平（文盲=参照）	小学	0.836	0.384	8.374	0	2.307
	大学及以上	1.082	0.273	3.476	0	2.951
居住方式（独居=参照）	仅与配偶同住	1.203	0.267	10.278	0	3.330
	与配偶和子女同住	1.932	0.246	11.312	0	6.903
退休前/目前职业（个体经营者=参照）	商业服务人员（家政服务人员、销售员、餐饮服务员）	0.741	0.493	9.032	0	2.098
	工人（厂矿工人、建筑工人）	0.018	0.365	7.938	0	1.018
	党政机关及企事业单位工作人员	1.447	0.565	11.241	0	4.250
健康状况自评（不好=参照）	好	0.948	0.598	3.932	0	2.581
	一般	0.698	0.437	7.882	0.008	2.010
年龄	—	−0.221	−0.044	7.032	0	0.802
常数	—	−1.286	—	−4.774	0.003	0.276

注：Adjust R Square=0.794，F=83.191，P=0.018

具体来看，在其他条件不变的情况下，小学受教育水平老年人的社会卷入度比文盲老年人高2.307，大学及以上受教育水平的老年人的社会卷入度比文盲老年人高2.951。但是初中和高中学历的老年人并没有显著差异（$P>0.05$）。也就是说，一定知识背景是老年人在社会中与人交流、接受社会变化、处理社会信息的必要条件，是老年人社会参与的基础。然而，并非受教育程度越高，老年人的社会参与就越充分，还需考虑其他影响因素。

居住方式也对老年人社会卷入度产生显著影响。总体来说，与家人同住的老年人比独居的老年人社会卷入度更高。显而易见，社会卷入度的观念和行为、获得支持、信息获取、参与兴趣四个维度，无一不需要家人的支持。与家人同住的老年人有机会与子女进行更多的交流，有机会通过子女的社会交往认识更多的人，了解社会事物和新的信息，有更多的时间和机会与他人交流社会参与的想法与体验，并在遇到困难时寻求他人帮助。

调查结果显示，在其他条件不变的情况下，年龄每增加1岁，老年人社会参与度下降0.221，即年龄越高，老年人社会卷入度越低。以往的很多研究得出过相似的结论，但大多数认为增龄生理机能发生退行性变化导致认知功能减退、反应迟钝、行动不便等[1]，因此妨碍社会活动参与。但随着人类预期寿命的增加，这条理由越来越站不住脚。我们认为，社会卷入度的关键在于老年人与社会的关系，身体状况和主观观念共同影响社会卷入度。一方面，老年人对年龄的认知来自自评，相对于自评健康状况差的老年人来说，自评健康状况好的老年人社会卷入度更高。另一方面，低龄的老年人与高龄老年人的主要区别不是身体状况，而是参与观念和参与条件上的差异。低龄老年人既有社会参与的热情和开放的观念，又具备较好的身体条件，脱离社会生产环境时间较短，还保留了一定的经济地位和人际关系，对社会发展变化保持着较高的敏感性，因此对低龄老年人来说，继续参与社会各个方面的意愿越高，实现参与的难度越小。

从退休前的职业上看，个体经营者在年老之后社会卷入度最低。商业服务人员（包含家政服务人员、销售员、餐饮服务员等）的社会卷入度比个体经营者高2.1倍，工人（厂矿工人、建筑工人）比个体经营者高1倍，党政机关及企事业单位工作人员比个体经营者高4.2倍。

可见，老年人社会卷入程度与个体因素有密切联系。如果单从个体情境分析，健康程度高、具备一定的受教育水平、能够获得一定的家庭支持和朋友支持、退休前在企事业单位和党政机关工作的老年人社会卷入程度更高。

---

[1] 林庶芝.年老过程的感知觉变化[G]//沈政.老年心理学与老年精神健康.北京：北京大学出版社,1986:1-3.

第四章　家庭情境中的老年人社会参与

第一节　我国城市老年人家庭情境现状

一、家庭结构小型化

认识和理解我国城市居民家庭结构和功能的变化，是分析城市老年人社会参与家庭情境的重要手段。学术界对我国城市家庭规模和功能变化的研究较为丰富，有学者以田野调查和案例研究的方式，对社区家庭类型及区域大范围家庭结构状况进行分析，认为我国城乡家庭正处于转型期，婚姻家庭观念、家庭人口规模与结构、家庭功能等方面正在发生变化[1]。还有学者对近20年全国人口普查数据进行分析，发现我国城市家庭规模正不断缩小[2]，家庭人口数不断缩减。总体来说，主要有以下两大变化特征。

第一，家庭规模越来越小。我国家庭结构从20世纪90年代开始发生了根本性变化，三代人家庭规模的比例超过四代人家庭规模的比例[3]，家庭总人数减少，每个家庭由原来的7～8个家庭成员减少为3～4个[4]。对比第五次人口普查和第六次人口普查的数据显示，我国城市的家庭规模越来

---

[1] 刘宝驹.社会变迁中的家庭——当代中国城市家庭研究[M].成都:巴蜀书社,2006:34-77.
[2] 曾毅,李伟,梁志武.中国家庭结构的现状、区域差异及变动趋势[J].中国人口科学.1992(2):1-12.
[3] 高清.改革开放以来我国家庭的变迁与发展[J].攀登,2005(6):138-139.
[4] 孙丽燕.20世纪末中国家庭结构及其社会功能的变迁[J].西北人口,2004(5):13-16.

越小型化和微型化，传统的大家庭已经不多见。2010年"六普"时家庭平均人数为3.09人，与2000年"五普"时相比，10年间平均每个家庭减少0.35人，目前已达到微型化程度。同时，3人及以上家庭数量急剧下降，而1人和2人的"超微家庭"比例却在快速上升，由10年前的25.34%急剧上升到2010年的38.90%。目前，已有接近四成的家庭是超微家庭❶。家庭规模的缩小，使家庭结构从复杂的父子、夫妻、爷孙、妯娌、兄弟大家庭关系简化为仅有夫妻关系或子女与父母关系的小家庭，老年人由此获得了更多的自我选择权利与自我空间，为其参与社会活动提供了便利。但同时，由于家庭结构变小，我国将普遍出现一对年轻夫妇抚育一个孩子而赡养四位老人的"四二一"家庭❷，子女对老人的赡养将会越来越力不从心，逐渐将赡养老人的重点放在经济供给上，弱化了本家庭所承担的生活照护、娱乐、情感慰藉等功能。由此，老年人越来越需要社会提供情感慰藉、精神满足等功能，促使老年人的社会参与需求逐渐增加。

第二，家庭的精神慰藉与情感联系功能外化。随着家庭结构的变化，家庭功能也在发生改变。有研究显示，当代家庭的婚姻、生育、养老等传统功能有所弱化❸。其中比较明显的是家庭生育功能，上海、北京、广州等城市出现了"丁克"文化，向传统家庭的生育观提出了挑战。在消费功能方面，传统家庭的生产功能已被社会大生产替代，所以家庭核算的消费功能转向个人核算。随着社会化养老的逐步完善，大多数老年人有完善的养老保险和医疗保险，因此家庭的养老功能也在弱化。子女更倾向于向老年人提供物质供给，或以定期短时探访的方式来抚慰老年人的情感。所以，一部分老年人为了排解烦闷选择参加社区活动，与同龄人进行交流，投入兴趣爱好和户外活动之中，社区情感慰藉的功能逐渐凸显。综上，家

---

❶ 周长洪.中国家庭结构变化的几个特征及其思考[J].南京人口管理干部学院学报,2014(4):3-8.
❷ 刘正萍.试论中国当代家庭观的演变对家庭产生的效应[J].兰州学刊,2011(7):69-72.
❸ 孙丽燕.20世纪末中国家庭结构及其社会功能的变迁[J].西北人口,2001(5):13-16.

庭结构的变化使其满足老年人感情与精神生活的功能有所减弱，老年人越来越需要社会提供情感慰藉和精神满足，由此催生老年人的社会参与需求量增加和需求种类的变化。

二、夫妻关系成为家庭核心

随着子女成年后建立各自家庭，夫妻关系成为老年人家庭关系中的核心部分，老年夫妻之间互相决定家庭事务、共同商量重大决定、进行情感交流和互相劝解，一定程度上取代了亲子关系在家庭中的地位。有学者将这一现象描述为家庭轴心的转移与权力模式的变化[1]。家庭轴心包括以婚姻关系为主的夫妻关系和以血缘关系为主的亲子关系。当成年子女已婚后离开父母，夫妻关系就成了家庭轴心关系，配偶对参与社会活动的看法是老年人社会参与的重要影响因素，夫妻能够同时参与社会活动是社会参与的理想状态。同时，女性老年人对社会参与的态度会发挥更大的作用。

家庭权力模式指家庭中由做贡献的大小所决定的家庭重大事务权力和家庭地位。随着轴心变化，权力模式发生变化。夫妻双方都具有经济基础，为参与社会活动付出了成本，因此，家庭经济支配由夫妻共同决定。有研究显示，现代家庭中夫妻共同决定家庭事务、共同管理家庭财产、共同分享情感，已经建立起平等的夫妻关系；兄弟成年后分居另住，已成为家庭之外的亲属，子女与家长之间传统的"父尊子卑"关系也已经远去[2]，老年夫妻关系取代亲子关系，夫妻之间开始追求精神上的安慰和支持。同时，老年人娱乐、教育、文化服务消费能力的提升，提高了老年人社会参与的自主性，使老年人社会参与需求更加多样化。

---

[1] 孙丽燕.20世纪末中国家庭结构及其社会功能的变迁[J].西北人口,2001(5):13-16.
[2] 张莉莉.试析国人家庭观的嬗变[J].重庆科技学院学报(社会科学版),2008(8):43-52.

三、家庭成员的态度与观念

长久以来,家庭依然承担着照顾老年人的功能,老年人社会参与所花费的时间和资金成本需要家人支持,老年人社会参与遇到的困难和问题,需要家人帮助解决。是否受到家庭照顾是决定一个老年人住进养老机构还是居住在社区的重要因素。

我们对T市"老年人社会参与态度及意愿调查"中涉及家庭成员态度和观念的数据进行梳理,结果如图4-1所示。24.30%的老年人表示家人的态度对自己参与社会活动影响非常大,在家人不同意的情况下会主动退出活动;66.00%的老年人表示,家人的反对会给他们参与社会活动带来一定的负面情绪和消极影响,使他们重新审视自己参与的行动;只有9.70%的老年人表示家人的态度对他们没有影响。

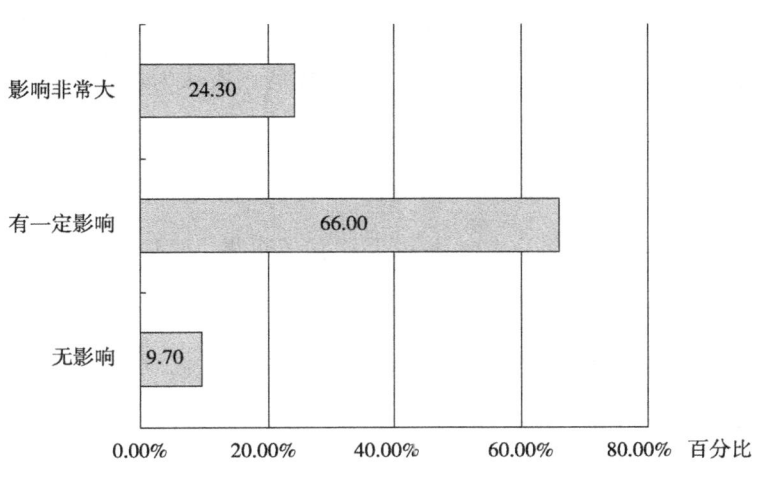

图4-1 家庭成员态度对老年人社会参与的影响

访谈中,家庭成员对老年人参与社会活动的态度主要来源于以下两个方面:第一,子女出于对父母养育"恩情"的回报。这与父母在子女未成年时的教育方式和家庭生活方式有必然联系。父母在教育子女的过程中，给予子女充分的自由和尊重，这种代际行为模式和沟通方式必然会通过反馈的方式作用到父母晚年与子女的相处模式中。很多老年人表示，自己在教育子女的过程中，从不严格限制子女的交往空间和时间。有受访者说："只要他把该干的事情干好了，不违法乱纪我就不管他太多。""他那会儿喜欢画画，带他上美术班什么的都是我接送。所以说，现在我想去哪儿，他支持都是理所当然的啊。"而对于家庭气氛严肃的"父权型"家庭，情况就明显不同。在此类家庭中，老年人认为子女"看得出来不太理解自己出去参与（活动）"，在自己参与活动的过程中，也很少表现出积极的支持行为。老年人把子女支持自己参与社会活动的态度与自己对子女的养育之恩联系在一起，在内心用"回报"或是"互惠"的代际平衡规则进行度量。第二，子女出于对"孝道"社会观念的遵从。一些老年人认为，子女支持老年人社会参与是"孝"的体现。当下城市生活中，子女与老人大多分开居住，平时家庭沟通和交流减少。多数老年人认为这种变化是不可阻挡的，只能适应它。因此，老年人将自己的社会生活和社会交往作为弥补情感缺失的有效方式。参与社会活动，不管是娱乐活动也好，学习活动也好，社区事务也好，会让老年人产生"有了事做""不再每天千篇一律""愉悦身心，心情好"等积极的效果。杨国枢认为，孝道规范是一种社会控制机制，能够促进家庭的和谐、团结及延续的文化设计❶。随着老年人和社会群体对"孝道"理解的变化，"支持老年人的社会参与"将成为子女新孝道的重要表现形式。

---

❶ 杨国枢.中国人的心理[M].北京:中国人民大学出版社,2012:32.

四、家庭隔代关系问题凸显

中国老龄中心的调查显示，2012年我国有66.47%的老年人帮助子女照顾下一代，有六成到七成2岁半以前的儿童由祖父母照顾，其中有30%的儿童是完全由祖父母抚养。抚育"隔代人"成为很多老年人退休之后再次上岗的"第一职业"。访谈中，很多老年人笑称退休后不久"儿子就又给我找了份工作，就是帮他们带小孩"。

很多研究聚焦于隔代教育对儿童成长的影响，但对老年人影响的研究非常少见。隔代抚育的形式多种多样，有的孙辈住在祖辈家里，有的父辈住在子女家里，还有的祖辈与子女交替看管孩子，隔代关系在家庭情境中存在一些问题。一方面，隔代关系问题体现为祖辈与孙辈在家庭角色中的"角色倒置"，这也是代际不平衡在当下的重要表现之一，即祖孙隔代之间的不平衡。美国学者Furman采用社会结构网络理论对11～13岁由祖父母照料儿童的家庭进行调查，结果显示，祖父母与儿童在情感等级、重要性等级、价值等级上得到最高分数，而在友谊、亲密、工具性帮助等更多具体社会项目上，获得的等级相当低❶。可见，祖辈与孙辈在家庭中的关系具有"养多于情"的特点，即祖父母养育孙辈更多的是体现在生活照料功能方面，是孙辈的"生活保姆"，而祖辈与孙辈没有充分的情感交流和共同话语，孙辈既不能理解祖辈的心理情感，也不能为老年人提供实际支持，在情感慰藉和家庭支持方面存在代际不平衡。美国学者Kivnick则提出了相反的观点，他认为祖孙养育关系的确立可以从五个方面优化老年人的晚年生活，分别是角色同一性、老年人的价值、获得感、个人过去的再卷入和宽容五个方面❷。另一

---

❶ FURMAN W, BUHRMESTER D.Children's perceptions of the personal relationships in their networks[J]. Developmental Psychology, 1985(21):1016-1024.

❷ KIVNICK H Q.The meaning of grandparenthood [M].Ann Arbor: University of Michigan Research press, 1982:76.

方面，隔代关系问题表现为对家庭亲子关系❶产生冲击。国内有学者对隔代抚养下家庭关系作出分析，认为隔代抚养对亲子之间的亲密度、信任度、沟通情况均有影响，甚至成为家庭内部亲子关系冲突的重要诱因❷。

第二节　家庭情境中的行动逻辑

一、家庭情境中的参与规则

在家庭情境中，代际关系是群体与群体间重要的联系之一。代际交换原则是决定家庭情境中老年人角色的关键规则。代际交换不同于市场中的交换，是一种交换者双方用感情和道德书写的契约，以自身的良心和社会评价为尺度，具有相对模糊性、长期性和延迟性。"在一个社会共同接受的规则体系中，失范者如不纠正自己的行为则会被社会抛弃和放逐……代际的交换关系亦使社会的基本单元得以不断再生产出来、不断运作下去。"❸当社会环境和人们的道德评价发生变化，只要代际交换的逻辑存在，父辈就会与子女产生需求和给予的期望，只是这种需求与给予的具体形式会随着代际关系的改变而改变，由物质的、仪式的、声望的、象征的需求转变为更注重情感的、文化资本的需求。因此，代际平衡规则是老年人社会参与行动的基础性规则。

但是保持这种内在逻辑平衡性的因素是什么？一旦平衡性打破，家庭代际关系是否面临失衡性的违背人伦社会道德标准的结果呢？贺雪峰认为，代际不平衡是存在的。他对20世纪90年代以来在我国农村地区出现

---

❶ 指不包括祖父母关系的父母与孩子关系。
❷ 李亚妮.隔代抚养下的亲子关系分析[J].社会研究,2010(9):53.
❸ 郭于华.倾听底层：我们如何讲述苦难[M].桂林：广西师范大学出版社,2011:278.

的代际关系失衡趋势进行过研究，发现农村地区存在父母尽心养育子女，但子女成年后仍不赡养父母的情况，即代际不平衡的体现。但他也认为，农村出现的家庭代际间关系紧张、代际失衡是30年的社会变迁带来的过渡阶段的特征❶。父母一辈受教化和道德的影响，将养育子女作为生活的任务和人生的目标，所以对子女的养育获得了自我心理上和社会上的认同。这种自我认同使家庭代际关系维持了内在平衡。但生儿育女与传宗接代的意义一旦变得不再重要，人们的家庭代际关系就会变得越来越理性化，父母们就会选择平衡代价较小的方式来养育子女，家庭代际关系中父母的角色与地位发生巨大变化。

美国战略与国际研究中心曾对中国的家庭变化作出预测："1975年，每6名中国孩子才赡养一位老人，但到了2035年，每1名孩子就要赡养两位老人。"❷随着家庭结构趋于微型化，老年人在家庭代际关系中的角色也随之变化，其中最显著的三个维度是："子女对父母的义务"（孝心）、"父母对子女的责任"（恩情）、"父母掌握的资源"。由此，本书总结出老年人在家庭中的8种角色特征（如图4-2所示），形成老年人社会参与的家庭代际情境。

由图4-2可知，年老父母的地位几乎完全取决于他们行使的政治和经济权力，其中政治权力的合法性源于养育子女的"恩情"，经济权力来源于持有的财富。"父权者"易在这样的代际环境中产生：父母掌握较高的资源，很好地尽到了对子女的抚育责任，但子女尽孝的负担并不重。这是一种代际关系不平衡的情况，但大多数中国老年人都具备父权者的特点。在父权者的家庭中，父子间（或母子、母女间）的隔离时常非常显著，老年人居于优势地位，因为长辈掌握着家里的资源，于情于理都不容反驳。

---

❶ 贺雪峰.农村家庭代际关系的变动及其影响[J].江海学刊,2008(4):34.
❷ 美国国家经济研究局.亚洲2008—2050年的老年人口比例[EB/OL].(2010-10-04)[2013-03-08]. http://www.nber.org/chapters/c8144.pdf.

低龄老年人的父权角色可能是"大部分家庭冲突的源泉，扰乱家庭以内的合作，并在家里创造敌对心理"❶。随着年龄的增长和子女越发成熟，承担的赡养义务越来越大，老年人的父权角色可能会向"支持者"角色转化。

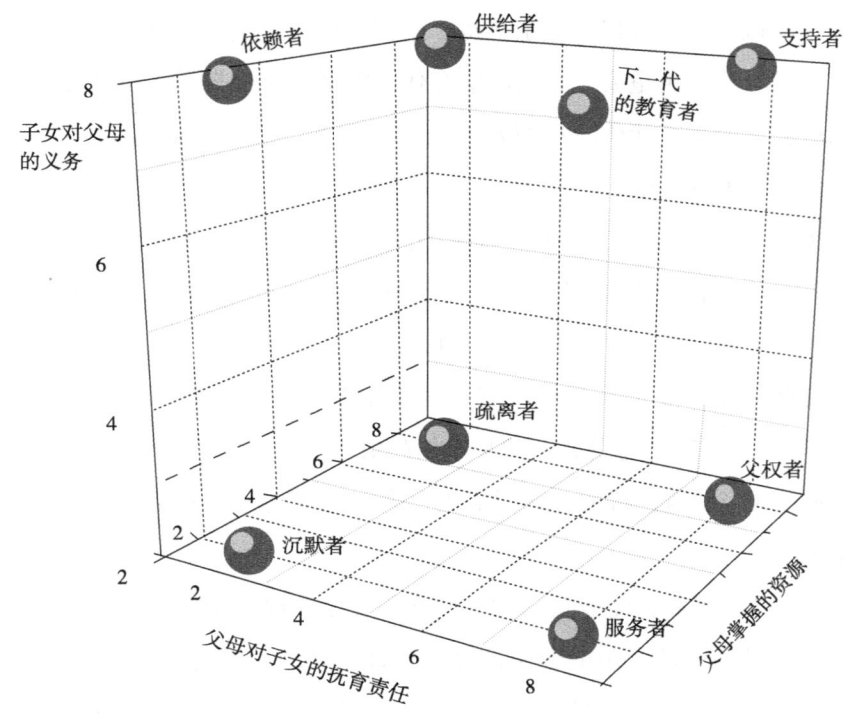

图4-2　老年人在家庭中的8种角色❷

"支持者"角色位于立方体的右后上方，是一种理想的代际平衡环境下的老年人角色。当子女经济独立能够承担照护义务，能够与父母保持良好的情感交流的时候，老年人便会从中获得养育子女的心理平衡感，不再

---

❶ 马林诺斯基.两性社会学：母系社会与父系社会之比较 李安宅译[M].上海：上海人民出版社，2003：36-47.

❷ 图中数字仅代表趋势，无实际数值意义。

把自己摆到单纯施恩的一方，而是成为需要子女照顾和关心的对象。此时，老年人会倾向于让渡对成年子女生活的管理权，以商量、倾听、建议的方式代替驳斥和命令，成为子女人生道路上的有力支持者。

在富裕家庭里，老年人如果同时拥有权威和财富，享有较高的家庭地位，那将比穷困家庭里的老年人更能控制成年子女的生活。这种情况下，当"恩情"缺失的时候，老年人就会扮演"疏离者"和"供给者"角色。两者的区别是："疏离者"是一种较低水平的代际平衡状态，其产生于父母在子女幼年时期并没有承担较多的抚育和培养的义务，子女成年后也并不愿承担对老年人的赡养义务，老年人与子女的感情联系非常松散的情境下。在这种家庭环境的生活中，老年人与子女分开居住、互不打扰，老年人与子女之间的关系是疏离且彬彬有礼的。子女多通过寄钱、为老人请看护，或是把老年人送进老人公寓等方式代替亲自看望老人或照顾老人，这种方式也被老年人所接受，因为老年人对子女尽孝的期望值并不高，不会产生心里不平衡感。但在中国的传统文化环境下，极端的"疏离者"并不多见。值得注意的是，居住距离的远近和见面频率是识别"疏离者"的充分不必要条件。很多空巢老人和他们的子女因为工作或是结婚的原因，见面次数并不多，但只要双方保持着深厚的感情，老人抱有住在子女身边的强烈期盼，子女有在老人身边尽孝的愿望，都不能算作"疏离者"的角色。"供给者"角色是也是一种低水平的代际平衡状态，老年人在子女幼年时期并没有承担较多的抚育责任，而子女成年后对老人的赡养义务非常重，当老人手中掌握较多的财富资源时，往往就会以供给子女财富的方式弥补对子女的亏欠，寻找心理上的平衡。

代际交换理论指出，给予是为了获得回报，父母与子女间的抚育—赡养关系总是趋向于平衡。当经济收入下降，家庭中老年人不再掌握资源时，老年人可能会以为子女提供服务（照顾孙子女、收拾家务等）的方式换取回报。老年人不再掌握财富的主要角色有以下四种：①"下一代的教育者"当老年人对子女的抚育责任和子女对老年人的赡养义务均较高时，老年人只需承担有限的、短期的家庭服务时扮演的角色。这种家庭服务对老年人来说往往是比较轻松而且充满乐趣的。②当老年人对子女的抚育责任较低，子女对老年人的赡养义务值较高时，老年人变成"依赖者"。这是一种不稳定且容易爆发矛盾的不平衡代际关系。③"服务者"角色也是我国老年人在家庭中较为常见的角色。顾名思义，老年人在家庭中承担较多的服务责任，当老年人经济条件较差、需要子女经济支持的时候，老年人往往需要承担较多的家庭劳作来换取子女的照顾与经济支持。④"无助者"是一种最不理想的老年人生活状态，老年人既不掌握家庭资源，与子女的感情也非常淡薄，无法获得子女的赡养。其常见于生活潦倒、流浪或由社会救济的老年人。

老年人在家庭中扮演何种角色，核心是实现代际交换的平衡与失衡。不同家庭角色的老年人所获得的情感支持和物质支持不同，从而产生对社会参与态度的差异，社会在帮助老年人实现社会参与时也应具有针对性。

二、规则的作用方式

1.激发参与的内在动力

老年人初次亲自参与社会活动的动机大致分为以下五种：①兴趣爱好。这类老年人有明确的爱好和特长，试图通过参与活动满足兴趣需求，为此乐于参加特定的娱乐活动和兴趣小组。②利益动机。老年人参与社会活动获得的个人利益多为非经济利益，包括锻炼身体、打发时间、认识朋友、信息交流，有的老年人希望通过参与公共事务获取别人的认可，成为焦点。③情感驱使。有的老年人在同情心、责任心的驱使下参与公益活动或是社会公共事务。④从众性。这类老年人在参与社会活动之初尚无明确的动机和愿望，很大程度上是一种从众行为，也缺乏对活动的知识储备和了解，大多通过朋友介绍和推荐加入到活动中。他们在遇到挫折或是变化时，往往非常轻易地选择退出。⑤心理满足。老年心理学认为，老年人一旦脱离了工作环境会产生对自我价值的重新认知过程。一些老年人认为社会不再需要自己，由此会感觉精神空虚甚至沮丧。而通过参与社会文化活动和人际交往能够使他们充分了解社会的变化，增加的归属感。

社会参与实质上是一种调节社会代际间平衡的有效途径，能够弥补家庭中缺失的平衡感，实现老年人角色的良性转化。J社区业主委员会委员陈女士就经历了典型的"角色转化"过程。

陈女士在J社区业主委员会就任经历

陈女士（70岁，从某事业单位退休，丈夫过世，女儿远嫁美国，独居）2005年入住T市的J社区。入住伊始，对业主委员会一无所知。女儿远嫁让其感到分外孤独："之前过年过节还回来看我一下，现在2~3年才回一次，住一个星期又走了。我和孩子平时就靠电话和视频联系，也说不了几句，每天一个人在家空荡荡的，一坐就是一天，饭也没心情做，感觉半辈子什么都没落下，白活了。"陈女士自此开始了疏离者的角色生活。

陈女士居住的小区业主经常为了停车难产生争执，导火索是小区物业要将一块绿化用地改建停车场，解决停车难问题。居委会希望大家能够团结起来维护自己的权益，所以由居委会牵头，在小区宣传栏上贴了一个关于投票成立业主委员会的通知，并建议业主委员会由已退休的人士来担任。陈女士在居委会门口宣传栏上看到了这个信息，她说："心想自己也没什么事儿，看小区这么闹心里也着急，就给他们打了个电话说退休前我也是处理纠纷的，也算有经验。"抱着这种尝试的心理，陈女士报了名而且被选上了。

没想到很快业主委员会就成立了筹备组，居委会、物业公司、小区代表都参加了进来，进行业主交流，在大会上不仅讨论建停车场的问题，还讨论商用住户和居住户的矛盾、出租户权益、管理公共资金等问题。陈女士从来没有接触过小区工作，也不知道流程和相关法律，第一次开会她什么也没说，只是暗暗做了笔记，随后就赶紧上网查了相关资料。忙活了几天，总算摸清了业主委员会的职责。"也想过干脆退出算了，但是又觉得自己当选了就有份责任在，居委会的小李（工作人员）还经常鼓励我，所以就坚持了。"由于陈女士岁数最大，学历高，为人又没有私心，她俨然成了J社区业主的利益代表。小区经常有人找陈女士反映些问题、聊聊家常，或知道她一个人住请她去自己家里吃饭。

现在，陈女士非常享受为小区业主服务的工作。她说趁着自己身体还不错，家里没有牵绊，也没有经济困难，能够站在中立的角度参与小区建设和平衡业主们的利益，也希望给自己找点事做。每当他看到小区井井有条，反映的事能够马上得到处理，她就感到很有成就感，好像又回到了上班的时候。在与女儿的通话中，她都和女儿讲很多有关社区维权的事，"她们那边社区自治更发达，女儿也比较爱听，有时候我还能给她支招，感觉我们母女关系拉近了不少"。

从陈女士参与社区业主委员会的过程可以发现，几个关键节点对陈女士的参与意愿产生了重要影响。在参与活动之前，疏离者的家庭角色让陈女士产生了与外界交流的心理需求，能够主动表达参与意愿并付诸行动；在业主委员会正式成立前的委员初步交流阶段，陈女士有充足的时间进行走访和交流，了解信息；在组织运转中，陈女士将感情倾注于社区服务，逐渐获得了业主的支持，并明确了社会参与的目标，获得了心理上的满足。与社区关系的"亲密"性弥补了家庭关系上的"疏离"。

2. 实现参与的助推系统

长久以来，家庭依然是中国老年人受到照顾的主要场所，家庭代际关系对老年人社会参与的支持主要体现在经济支持、生活照料、情感理解三个方面。老年人的社会参与所花费的时间和资金成本需要家人支持；遇到的困难和问题需要家人帮助解决；社会参与的主动性需要家人的理解。在城市生活中，很多家庭代际成员之间经济彼此独立，只有在老一代在丧失生活自理能力需要子代照料，或无须子女亲自照料而是聘请医护机构和专业护理人员时两代之间会产生松弛的代际关系，而社会参与在这种松弛的代际关系中具有重要作用。

一是实现对高龄、失能老年人的心理支持。高龄、失能的老年人常常会陷入抑郁，薄弱、疏离的家庭代际情境对高龄、失能老年人的危害更大，而社会参与能够促使高龄、失能老年人保持与社会人际网络的联系。因此，社会活动组织者要了解高龄、失能老年人的参与意愿、针对其身体技能特点设计专门的活动内容和便捷的参与渠道。然而，目前的社会参与对老年群体没有更为细化的分类，社区的活动内容、场地及活动方式都不适宜高龄、失能老人的参与，导致社会参与将高龄老年人、失能老年人边缘化，社区在针对失能、高龄老人的社会活动内容和方式上还有待改进。二是社会参与能够为"疏离者""沉默者""父权者""服务者"四类家庭角色老年人提供情感支持、经济关系和照护关系[1]，强化社会参与的情感体验，增加社会成员情感交流活动，弥补家庭代际不平衡的缺陷，减少老年人因家庭子女缺位导致的失落等负面感受。三是反映老年人需求变化。

---

[1] 熊跃根.中国城市家庭的代际关系与老人照顾[J].中国人口科学,1998(6):15-21.

一方面，目前我国家庭代际关系"重心往下倾斜"❶，"重幼轻老"使老年人精神生活匮乏，从而衍生出多样化的情感需求，包括获得认同感和自我满足感，继续学习和关注社会事务，参与工作、获取信息，交换人生体验等。另一方面，老年人需要通过社会活动在同辈中获得话语权和受尊敬的地位。随着现代化进程的加快，家庭中文化程度更高、经济收入更高、接受社会信息更多的成员变成了年轻的下一代，父母在家庭中的权威有所下降，父母的意见往往只是参考和帮助，子女与父母发生冲突的现象时有发生。所以，老年人更需要获得话语权和受尊重的权利，这种平等交往和受尊重的需求能够在社会参与中得到满足。

第三节 群体案例：闲暇而不优越的"50后"

"50"后一般指1950年1月至1959年12月出生的一代人。这一代人生活在多代共居的大家庭中，多有兄弟姐妹，其下一代多是独生子女。他们是受家庭结构和功能变化影响最大的一代人。该部分从老年人口与劳动力人口之间的家庭代际关系角度，分析"50后"❷社会参与的优势与困境。

一、"50后"向下一代倾斜的家庭情境

在2014年进行的"老年人社会参与行为与心理"半结构式访谈中，我们随机抽取了20位1950年至1960年出生的老年人进行电话访问和面谈，发现"50后"虽然有了大量的闲暇时间，但是仍然感到压力重重。

首先，对子女的关心超过对自身生活的关心。最困扰"50后"一代的是子女的问题。一些"50后"的子女在外地工作，父母们无时无刻不在牵

---

❶ 刘桂莉.眼泪为什么往下流？——转型期家庭代际关系倾斜问题探析[J].南昌大学学报（人文社会科学版），2005(6)：1-8.

❷ 本书的"50后"只作为概念上的区分，并非严格以年代为界限，在叙述中会将"50后"范围扩展到"1949年后17年中成长起来的第二代人"。

挂:"孩子独自在外,工作怎么样?住处稳定了没有?怎么吃饭?"很多老年人表示虽然现在生活好了,但还是舍不得花钱。马女士自己住了一套单位的房子,盘算着用积蓄为孩子在外地买房,她说:"做父母的怎么能忍心让孩子在外边漂泊,连个落脚的地方也没有,我自己不挑吃不挑喝,辛苦点都没关系,拼着也要为孩子积攒房款,让他有个落脚的地方。"此外,很多"50后"面临来自家庭的压力,"娘家、婆家、自己的小家,兄弟姐妹的关系,方方面面都要考虑,都要照顾到"。

其次,在家庭角色转化为社会角色中感觉无措。新鲜事物的出现和对物质生活的追求,让很多"50后"感觉无奈和陌生。很多老年人对"社会上的新鲜事物越来越看不懂,感觉和年轻人沟通越来越吃力,担心被社会淘汰"。很多"50后"都尝试过投资理财,但是"一直上班开工资,对这些不懂,只能跟风看人家怎么干"。还有一些人担心自己未来的养老问题,觉得"孩子不在身边,以后老了不知道谁照顾","肯听心里话的人都找不到","感觉没意思,每天都不知道要干什么"。

最后,生活方式随着子女的习惯而改变。现代化生活方式使人的思维、行为、日常生活节奏等都发生了变化。年轻人更加推崇科学和理性、追求自我价值的实现和个人权利的维护,以实际利益或效益作为评判事物和行为的标准。面对快速的生活节奏,便捷和丰富的信息获取渠道,年轻人更容易适应。而面对这种转变,"50后"一代由于受传统教育、知识结构和身体状况的影响,并不完全具备年轻人的能力和意愿去适应它,从而对新技术和知识产生回避和抵触的心理。由此,子女们在家庭中处于中心位置,很多"50后"需要改变自己的生活方式以适应年轻人的节奏。

可以说,充分的社会融入和社会代际间、家庭代际间的理解与交流是"50后"舒缓压力、提升自我认知的重要渠道。他们提到:"大半生过去了,什么活没干过?什么苦没吃过?现在对我们来说,能发表感想、相互沟通,是最难得的了。不管别人怎么说,我自己无愧时代,无愧家庭,无愧儿女就行了。我觉得我们这一代马上就要老了,何不为自己多打算点,有机会出去走一走,回到我们年轻时的环境和心态,会会儿时的小伙伴,想想当年的乐趣,快乐地过好余下的每一天。""我赶上了1978年的高考。10年前评上了教授,还是两届政协委员。我觉得农村那些年的吃苦精神对我来说是个财富。现在孩子也大了,我要进一步规划我的生活,我感觉我新一段人生才刚开始。"

可见,不管是从家庭的微观层面,还是从社会宏观层面看,代际关系都裹挟在老年人社会参与的意愿与态度中,或是激发老年人社会参与的内在动力,或是影响老年人社会参与的体验,或是调动老年人社会参与的家庭支持。

二、家庭情境下的社会参与冲突

代际的观念差异导致代际的矛盾与冲突,"代沟"就是代与代之间在价值观念、行为方式上的差异体现。"50后"如何走出倾斜的家庭代际情境的不利影响,积极参与社会生活需做好以下两个方面。

首先,跨越代际关系的鸿沟需要保持一定的生活自主性,即加强对自己生活方式的掌控能力。"50后"需要更加关注自身年老之后的生活乐趣和自我认知,与子女保持各自的生活方式互不影响。很多老人表示和子女,尤其是已婚子女居住的幸福感并不强,感觉没有自己的时间做自己想做的事,参与活动也要征求子女的意见。出于各种考虑,子女有可能会对活动的其他成员和距离进行询问和约束。对于部分年轻人表现出的反对老年人社会参与的心理,原因有以下两个方面:第一,两代人对于社会参与的社会影响理解不同,年轻人认为老年人社会参与是老年人"无所事事"的表现。经常让老年人出去活动是老年人"在家里待不下去""没有子女照看",甚至"没有正经事"的表现,让周围人觉得自己不孝顺。第二,代际双方对老年人社会参与对自身作用的理解不同,年轻人认为社会参与耗费精力与实践，是老年人的负担，不认为社会参与视作老年人自愿选择的且有利于身体和身心发展的活动。这可能是由于目前老年人社会参与的体验并不理想。还有一部分年轻人担心老年人在外出活动可能遇到的危险和冲突。

其次，增加与子女之间的沟通与交流，共同学习新技术、运用新知识。访谈中，很多"50后"表示他们和子女保持良好沟通的技巧之一就是学习运用各种现代"工具"，包括智能手机、网络媒体等。"我们也必须跟上时代，学习年轻人的东西，才不会跟他们差得太远。""我听说用微信可以加朋友圈，随时看他在干什么，就买了个新手机试了一下，非常好用。现在我用得很熟，我自己也有了朋友圈，对孩子在想什么也有了了解。"很多"50后"表示运用新工具能够使他们感觉与社会"距离拉近了很多"。"往常和儿子、儿媳妇没有话聊，聊聊饮食，关心下身体，吃完饭他们就走了。现在我通过微博可以了解很多新话题，可以跟儿子、儿媳妇聊一个下午，感觉关系拉近了不少。"

第五章 社区情境中的老年人社会参与

第一节 城市老年人社区情境现状

一、社区物质与制度支持

社区资源包括社区收益、社会资助和政府支持等内容。一般来说,社区中的物资、财产、资料、公共空间等,只要能够给需要参与的老年人使用,即为老年人社会参与的物质供给。科尔曼对社会领域的"资源"有着更加宽泛的定义,他指出:"那些能满足人们利益和需求的物品、非物品及事件"[1]都可以成为资源。也就是说,社会资源既包括货币和实体的物质供给,又包括无形的制度供给和文化供给。因此,老年人社会参与资源并不局限于物质性设施建设,而且包括老年人参与社会的三大类支持系统:一是客观的支持,是"人们赖以满足他们社会、生理和心理需求的家庭、朋友和社会机构的汇总",包括物质上的直接援助和社会网络、团体关系的存在和参与,通过资金提供、场地、活动成员、社会关系的存在,老年人才能实现社会参与的前提;二是主观的支持,即个体所体验到的情感上的支持,也就是老年人在社会参与中被其他群体、社会舆论、家人或社区中的住户所理解、尊重和被支持的程度,可以用文化氛围来概括;三是制度的支持,即社区通过落实一系列法律和政策,配备相关组织机构与

---

[1] COLEMAN J S. Foundations of social theory[M]. Cambridge: Havard University Press, 1990: 32.

人员来保障老年人社会参与。

根据国家统计局2008—2017年的人口数据，我国65岁以上老年人口每年按3%~5.5%的速度上涨，截至2017年末，全国65岁以上的老年人口数已达1.58亿。

随着老龄化的日益加剧，不管是单个家庭还是整个国家，都面临着巨大的养老支出。没有物质支持的社会参与如无源之水，难以发展。

我国一直注重对老龄事业的物质投入和供给结构的调整。据民政部门最新统计，2018年全国共有老龄事业单位1600个，老年法律援助中心2.0个，老年维权协调组织6.4万个，老年学校4.9万个、在校学习人员704.0万人，各类老年活动室35.0万个；享受高龄补贴的老年人2682.2万人，比2017年增长13.9%；享受护理补贴的老年人61.3万人，比2017年增长51.5%；享受养老服务补贴的老年人354.4万人，比2017年增长25.3%。2018年4季度全国共有社区服务指导中心596个，其中农村18个，占比3.0%。社区服务中心和社区服务站共181856个，其中农村88033个，占比48.4%。但总体来看，地区、城乡之间供给并不平衡，部分农村地区的保障水平偏低，公共设施建设密度和质量都不尽如人意。不足表现在：第一，农村社区服务机构和设施不足。第二，地区供给不均衡。2018年，支出预算中把教育支出、社会保障和就业支出、城乡社区支出在全国一般公共预算支出中占比均超过10.0%，成为"三甲"。其中的城乡社区支出包括城乡社区管理事务、城乡社区规划与管理、城乡社区公共设施、城乡社区环境卫生、土地有偿使用支出、城镇公用事业附加支出等10余项具体支出，体现了国家层面对社区发展的支持力度和重视程度越来越高。从财政部2017年全国一般性公共预算支出的主要份额来看，地区间城乡社区支出差异显著，北京、天津、上海、江苏、山东等东部经济发达省份和地区的城乡社区支出已超过千亿大关。第三，物质供给方面重前期建设投入、轻后期运营管理。社区老龄服务设施建成后，除一些试点小区、重点示范建设小区外，运营经费一般由财政按人头、一事一议、费随事转等方式进行拨款，每年的运营经费在1万～2万元之间，缺少专业的护理员、管理人员，老龄服务工作人员多由社区居委会工作人员或志愿者兼任，他们没有精力随时照看老人。社区机构的实际运行情况与老年人的日常服务的需求差距还较大。

《"十三五"国家老龄事业发展和养老体系建设规划》对进一步扩大老年人社会参与的制度建设提出了要求。一是完善老年人参与社区基层治理制度。鼓励老年志愿者积极参与社区民主监督、社会治安、公益慈善、移风易俗、民事调解、文教卫生、全民健身等基层工作；引导基层老年社会组织规范发展，加强老年社会组织的培育扶持和登记管理。二是采取政府购买服务等措施加大对公益性、互助性、服务性、专业性基层老年社会组织的支持力度。三是采取措施推动老年社会组织能力建设和规范化建设。开展基层老年协会规范化建设工程，支持老年社会组织参加或承办政府有关人才培养、项目开发、课题研究、咨询服务等活动；多渠道筹措资金支持基层老年协会建设，加强基层老年协会骨干培训和活动辅导，鼓励专业人士在基层老年协会能力建设中发挥骨干作用；探索发挥基层老年协会在促进当地发展、调解涉老纠纷、开展互助服务、活跃老年人精神文化生活等方面积极作用的有效方式和途径。四是完善基层老党员干部党建工作。以社区为平台，整合社区内的公共服务资源，帮助老年人走出家门，使老年人享受到融入社会、参与社会的生活方式。

二、"有限积极"的社区群体态度

态度是个体对特定社会客体以一定方式做出反应时所持有的稳定的、评价性的内部心理倾向。它是对某一个特定的人、事、物、制度的一种较为持久或普遍的正向或负向的感觉[1]，它的高级层次表现为对对象的情感及行为意向。认知（个体对对象的及其相关事物的看法和知识）、情感

---

[1] BEM D J. Beliefs, attitudes, and human affairs[J]. Skeptical Inquirer. 1970(37):5-6.

（个体对对象产生的情绪，感受及好恶与否）和行为意向（个体对对象做出的行动和反应）是衡量态度的三个方面，前两者会对行为意向产生较大的影响，使个体对态度对象做出不同的行为和反应。老年人对"社会参与"的正向或是负向的认知、行为选择都是其态度的体现。老年人社会参与行为受周围人的态度和行为支持影响较大，因此需要对社区情境中的社会群体对"老年人社会参与"的态度和行为意向进行分析。

1. 研究方法

社会心理学家认为人们的态度都具有双重性，即外显态度和内隐态度[1]。本章探讨老年人群体和中年人群体对待"老年人社会参与"这一问题的态度、情感和行为模式，对外显态度与行为的调查采用问卷调查方法。由于问卷调查法"实际上是一种被试自我报告的形式"，即已经给定了问卷中所设定的题目，答案依然包括在目前所触及的信息和假设之中，很难深层挖掘出不被人所知的现象和深层问题，所以只凭问卷调查法很难全面了解个体的态度与行为模式。介于此，采取心理学专业方法，对被测对象的内隐态度进行测量。

内隐态度是一种无意识的刻画和表现在个体对客体的态度上的痕迹，用于解决被测者在社会公共意识和道德的限制下，对自己真实心理进行"印象掩饰"的难题。我国是个有数千年"尊老、敬老"文化传统的国度，代际间的平衡也是衡量子女孝顺程度的道德标准。我国政府一直宣扬"老有所乐、老有所养、老有所为"的生活方式，因此，对老年人社会参与的态度极易受到已有道德观念和文化宣扬的影响，导致受访者对自己的态度进行修饰，或是按照主流宣传进行回答。

内隐态度的测量方法主要有生理测试法和IAT测试法（Implicit Associ-

---

[1] GREENWALD A G, BANAJI M R. Implicit social cognition: attitude, self-esteem, and stereotypes [J]. Psychological Review, 1995, 102(1): 4-27.

ation Text）。IAT测试法通过测量目标态度与其他概念的联结强度来测量内隐的认知系统❶，本书使用IAT内隐联想进行测量，刺激词汇、图片的呈现及反应时间的记录都是使用E-prime程序制作，施测由于受到时间和地点的限制，分两次进行。第一次采用集中式方法，借用唐山供电公司G分公司计算机房进行；第二次采用远程分散方法，将E-prime测试程序发布到公共云盘中保存，三天后回收数据。内隐联想测验所使用的属性词汇多来源于哈佛大学内隐联想测验中文网站上对老年人内隐态度的测验（见表5-1），程序中所使用的图片来自老年人参与社会活动的较为中性的网络新闻图片，详细步骤如图5-1所示。

问卷设计参考了Fraboni等编制的FSA（Fraboni Scale of Ageism，FSA）量表，该量表用于测量人们对老年歧视的认知、情感及行为因素。采用李克特5级评分，量表分为对老年人的刻板印象、分离和情感态度3个维度的内容❷。本问卷还借鉴了杨国枢的孝道个人认知量表❸，但舍弃了"作为子女"的提问方式。在访谈中年人和老年人，进行预调研，征求专家、老师意见的基础上，按照衡量态度的三个层次，将问卷从认知、情感、行为三个维度进行设计。自编量表最后共18题，其中认知维度6题，情感维度7题，行为维度5题。以李克特5级评分形式，正向题目5道，反向题目13道。答案设置为完全符合、比较符合、一般、比较不符合、完全不符合。计分在0~5分，分数越高，对老年人社会参与的态度越消极。

---

❶ GREENWALD A G, MCGHEE D E, SCHWARTZ J. Measuring individual differences in implicit cognition: the implicit association test[J]. Journal of Personal and Social Psychology, 1998, 74(6): 1464-1480.

❷ FRABONI M. SALTSTONE R, HUGHES S. The Fraboni Scale of Ageism: an attempt at a more precise measure of ageism[J]. Canadian Journal on Aging, 1990(9): 56-66.

❸ 杨国枢，等.孝道的社会态度与行为：理论与测量[C].台北：民族学研究所集刊，1989(65)：171-227.

表5-1 IAT测试项目及内容

项目	词汇
褒义词	灵活、优秀、快乐、美丽、开心、睿智、荣耀、爱心
贬义词	迟钝、笨拙、烦人、吵闹、可怕、愚蠢、耻辱、盲目
老年人社会参与	老年人参与投票、健身、公益活动、工作、健身等图片
青年人社会参与	年轻人社会参与图片

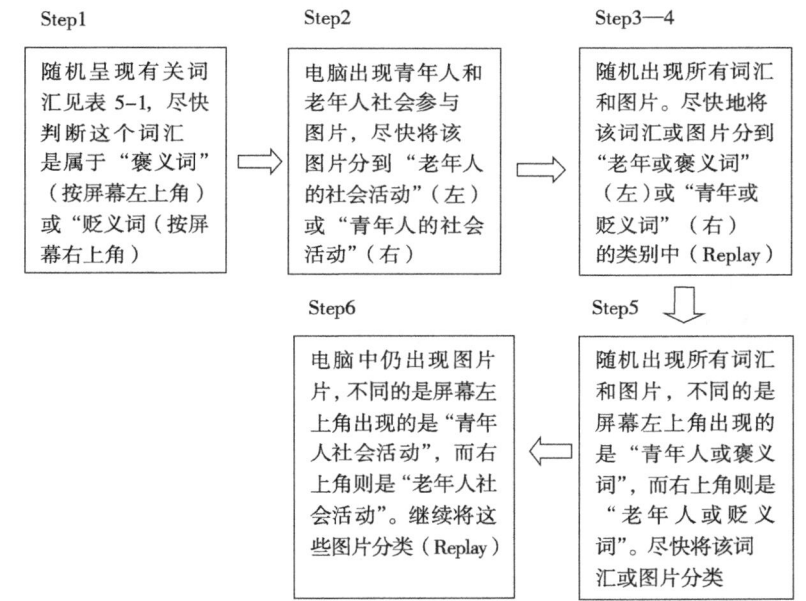

图5-1 老年人社会参与态度内隐联想测验的测试步骤

问卷的内容主要包括：①基本信息（包括年龄、性别、文化程度、家中是否有老人）；②中年人对老年人社会参与的认知；③中年人对老年人社会参与的情感；④中年人对老年人社会参与的行为意向；⑤老年人对"老年人社会参与"的态度、情感及行为意向。

对正式量表内容每一纬度 Alpha 系数进行一致性检验显示，各纬度之间均呈显著的相关关系，介于0.8~0.9。各纬度与总分之间的相关性也非常显著，介于0.77~0.84，问卷总的内部一致性信度系数为0.9001，说明该量表具有较好的内容信度。对问卷中量表进行KMO和巴特利球形检验，结果显示KMO值为0.647，Bartlett的球形度检验Sig.值都小于0.05，具有显著意义。因子分析二次旋转后得到三个因子，三个因子的累计方差贡献率达到71.477%，因子载荷都达到了0.5，说明因子分析结果可以被接受，问卷具有良好的效度。因子一命名为认知维度；因子二为情感维度；因子三为行为意向维度。被调查者的具体情况见表5-2。

表5-2 调查对象分组别情况

类目	平均年龄(岁)	性别(%)		受教育程度(%)			
		男性	女性	小学及以下	初中	高中	大学及以上
老年人组(N=514)	69.1	59.0	41.1	49.5	29.3	13.4	7.8
老年前期人群组(N=89)	52.8	60.7	39.3	4.0	51.7	30.3	13.5
总计	61.0	59.2	40.8	41.5	31.8	15.4	7.1

2. 结果分析

随着时代的发展，在国际社会"积极老龄化"战略全面实施的背景下，我国政府一直积极为老年群体的社会参与提供条件。经过十多年的发展，社会群体对老年人社会参与产生了哪些认知与行为上的变化？结合"城市老年人社会参与态度及意愿问卷调查"，分析结果如下。

（1）对老年人社会参与作用和地位的认知。在本次调查中，大多数老年人对"老年人社会参与"的必要性和重要性都有积极的认识（见表5-3）：认为老年人的社会参与能够为社会做出贡献（74.2%），并且不逊色于年轻人（76.3%）；超过87%的老年人认为老年人完全有能力承担社会公共事务，并且绝大多数老年人认为自己的知识和经验对社会发展能够有很大的帮助（91.8%）。对参与社会活动的老年人持何种印象是认知维度的重要内容。从表5-3可以看出，大多数老年人认为参与社会活动是一种正面的、积极的形象。超过80.0%的老年人认为参与社会活动表示老年人"有活力""易亲近""独立"，应该鼓励老年人的出行活动。但是老年人对自己学习和运用新技能的能力普遍不太看好，仅有4.9%的老年人对自己学习和运用新设备的能力抱有信心（问卷中列举了使用ATM机、话费充值机、水电自主缴费系统、网络购票、平板电脑、手机支付等）。可以看出，老年人虽然在现代科技的运用方面显得不那么自信，但对自身的社会价值依然是充满肯定的，认为自身积累的经验和知识在社会中发挥的作用不并不年轻人差。同时，他们认为社会参与取代了工作的作用，是老年人获得成就感、自我完善和社会认同的新渠道。

表5-3 老年人与老年前期人群社会参与认知维度问题设置及回答对比

认知维度（积极 1→5 消极）	老年人（N=514）		老年前期人群（N=89）	
	不赞同（占%）	平均分	不赞同（占%）	平均分
1. 不管在什么场合，老年人能够做到的始终比不上年轻人	76.30	2.03	46.10	2.76
2. 老年人能力不足，不能承担社会公共事务责任	87.40	1.98	73.00	2.10
3. 老年人参与社会活动是自娱自乐的行为，对社会发展并没有实质上的帮助	74.20	2.11	54.00	2.63
4. 老年人的知识、经验对社会没有帮助	91.80	2.00	76.40	2.42
5. 老年人很难学会使用新科技设备	4.90	3.83	13.50	3.52
6. 老年人对社会的依赖和需求过多	89.70	2.11	66.30	2.26
7. 参与社会活动的老年人很有活力、易亲近	13.40	3.14	21.30	3.53
8. 老年人应该减少出行	76.80	2.23	22.50	3.38

注：每题得分范围在1~5分，总得分范围在12~36分，平均分数值越高代表越消极，数值越低代表越积极。

虽然老年前期人群组总体上对社会参与持积极态度，但是与老年人组相比，表现出明显不同的倾向。例如在对"老年人社会参与"的作用和地位的认知上，老年前期人群组更加消极和缺乏信心，有一半以上的人认为"老年人能够做到的始终比不上年轻人"。从平均分上看，老年前期人群组的得分也高于老年人组的平均得分（2.76>2.03）。有将近一半的老年前期人群（46.0%）认为"老年人参与社会活动对社会发展并没有实质上的帮助"，平均分也高于老年人组（2.63>2.11）。其他各项上，老年前期人群的积极程度也不如老年人组。这可能有三方面原因，首先，从自身原因看，由于老年前期人群正处于从年轻力壮的壮年时期向老年时期、退休时期转变的阶段，对自身体力的衰退和知识更新的不足有着更加明显的体会，因此容易对年老之后的状态产生悲观心理。其次，从社会环境看，社会中存在对老年阶段的回避和排斥的文化偏见，因此大多数处在40～59岁的人并没有主动将自身归类为老年前期人群，而是更愿意将自己归类为"年轻人""中年人"的范畴。如果承认"老年人能够做到的和年轻人一样多"，那么就在一定程度上违背了社会已有的文化共识，也是对自我认知的一种否定。最后，从就业因素看，社会上往往把创造经济价值等同于社会价值，仍处在就业状态的老年前期人群显然比老年人能够创造更多的社会价值，而老年人的社会参与行为往往与生产力相脱离，所以在前期人群看来，其意义和作用不大。与老年人相比，老年前期人群印象中参与社会活动的老年人依然是有活力、易亲近的，但是老年人对社会的依赖和需求较多，老年人还是应该减少出行——这与老年人的观点相悖。我们可以从对公共资源的占用问题方面探寻原因。从数据上看，老年前期人群印象中的老年人社会参与更像是一种娱乐，并不产生社会效益，当这种行为占用公共资源时，就会引起其他群体的不平衡，对老年人社会参与的消极认知多半也来源于此。

（2）和老年人一起参与社会活动的情感体验。本部分探讨老年人和老年前期人群对社会参与持有怎样的态度。调查显示（见表5-4），几乎所有老年前期人群近期（2013年一年内）都曾与老年人（不包含家人）共同参与社会活动，活动内容包括旅游观光、小区选举、广场舞、老年大学、购物、乘坐公共交通等。而老年人近期与老年人参与社会活动的情况较少，有23.9%的人一年内都未曾参与。在情感体验方面，有52.7%的老年前期人群体验到负面情感，而老年人的负面情感经历相对较少，但也有将近四成的老年人体验到负面情感。可见，老年前期人群与老年人群相比，在共同参与社会活动的过程中更容易发生负面情感体验。为了进一步验证负面情感的具体内容，问卷设置了四个问题，验证可能会出现的负面情绪和体验（见表5-5）。

表5-4 是否有与老年人共同参与活动的经历

选项	老年人（N=514）		老年前期人群（N=89）	
	频数（人）	百分比（%）	频数（人）	百分比（%）
有，并且感到烦恼	192	37.4	46	52.7
有，并且非常愉快	213	41.6	36	40.1
没有经历过	122	23.9	7	8.2

表5-5 和老年人共同参与社会活动的情感体验

选项	老年人（N=514）		老年前期人群（N=89）	
	频数（人）	百分比（%）	频数（人）	百分比（%）
和老年人参与同样的活动，感到不耐烦	11	2.2	47	53.0
和老年人一起在公共场合进行肢体表演感到不自在	30	5.9	38	42.7
看不惯老年人在活动中的啰唆、唠叨	52	10.1	17	19.1
对老年人慢吞吞的动作、健忘、不遵守规则感到气愤	27	5.3	37	41.6

表5-5显示，不耐烦、气愤和无可奈何是老年前期人群与老年人参与活动时感受到的主要负面情绪。有超过一半的老年前期人群在与老年人共同参与活动时感到不耐烦，是所有负面情绪中最突出的。有四成左右不喜与老年人在公开场合进行肢体互动、对老年人在活动中的拖沓和不守规则感到气愤和无可奈何。在此问题中隐含了对老年人美丑问题的假设，我们认为，与老年人在公开场合进行肢体互动的问题考察了老年前期人群对年老之后形体美丑的隐性判断，感到害羞的人可能在内心中默认老年人的身体和形态是"不美好的"，因此羞于与其互动。将近两成的老年前期人群厌恶老年人的啰唆和指手画脚。这一比例与其他负面感情相比是较低的。与老年前期人群相比，老年人自身的负面情绪占比则非常低。由此可见，老年人和老年前期人群在对待社会参与的情感维度上有着较大的差异，老年前期人群有较多负面的情绪，而老年人则负面情绪较少。产生这种差别的原因可能在于老年前期人群和老年人各自的社会参与方式、目的不同。"社会参与"对于老年前期人群和老年人具有不同的意义和内涵。老年前期人群处于各自的工作岗位上，与社会政治、经济、文化生活的联系使社会参与对于他们来说更倾向于"公民参与"的理解方式。老年前期人群对"老年人社会参与"的观察多处于工作和日常生活情境中，且大多是被动性的接触，即在工作场合或是公共场合被动地加入老年活动，比如在旅游途中或景区会遇到大量老年游客，在医院工作的护士遇到老年病人，银行业务人员遇到办业务的老年人等。被动性接触时个体追求的时间效益（工作进度）或是精神效益（娱乐和游览）可能会与老年人的迟缓、需要被照顾等属性发生冲突，因此而产生的负面情绪更为明显，最为突出的就是不耐烦的情感体验（占53.0%）；而老年人由于脱离了工作岗位，"社会参与"对于他们来说是获得社会认同和心理慰藉的渠道，不与日常生活和维持生计挂钩，老年人更加关注社会参与过程中的被重视感和愉悦的心理感受，一旦参与社会活动，则会有非常积极和愉快的情感投入。所以，老年人普

遍对"老年人社会参与"抱有积极正面的情绪。老年前期人群的负面情感过多可能会对老年人社会参与留下刻板印象，降低其进入老年期后主动参与社会活动的可能性。

（3）老年前期人群行为意向。态度的最高表现形式是行为意向维度，对老年人社会参与的认知和情感变化最终演化为实际的行为意向。问卷中的7个问题测试老年前期人群的行为意向维度。总体来看，正向问题的平均分为3.01，负向问题的平均分为3.20，均在3分左右波动（见表5-6）。老年前期人群对老年人在行动上的表现较为中立，既不恭敬，又不无礼。有约37.1%的人认为对陌生的老年人不必太谦让。对这一问题需要辩证看待。首先，出行的老年人大多身体强健，过多的关怀和照顾反而对老年人的自尊心产生副作用，对于正常活动的老年人更应该持平常心和平等心看待；其次，题目强调了"陌生"的老年人属性，以测试人们对待自己的亲人和其他老人是否有差别。结果显示，认同"老吾老以及人之老"的占老年前期人群组内六成。表5-6中问题3、问题5、问题6选择赞同的比例分别为44.9%、22.5%、62.9%，说明有相当一部分老年前期人群在公共场合、公共交通和办理事务时都会尽量避免和老年人接触。相比之下，表5-6中问题2、问题4、问题7的比例仅为21.3%、49.4%和24.7%。从平均分来看，老年前期人群总体对老年人社会参与的支持行为较少，倾向于疏远和漠视。老年人突发事故的风险性、行动的迟缓、对陌生人的不信任均是老年前期人群行为意向薄弱的原因。

表5-6 和老年人共同参与社会活动的行为意向

行为意向	赞同(%)	不赞同(%)	平均分
1.除了对自家亲戚,对公共场所的陌生老人不必太谦让	37.1	62.9	3.19
2.我完全信服老年人对社会事、物的分析	49.4	50.6	2.72
3.在乘公交时,我会坐得尽量远一点,避免给老年人让座	44.9	55.1	3.37

续表

行为意向	赞同(%)	不赞同(%)	平均分
4.我会尽可能给户外活动的老年人提供便利	21.3	78.7	3.29
5.在公共场合时,我会尽量远离户外活动的老年人,或尽量避免与不熟悉的老年人接触	22.5	77.5	2.91
6.老年人行动缓慢,我会尽量避免在老人后面排队等候	62.9	37.1	3.34
7.我愿意参与老年人的社会活动	24.2	75.3	3.03

注：每题得分数值在1~5分，分值越低，行为意向越强；分值越高，行为意向越低，总分值范围在19~23分。

按照被试者对老年人态度量表的三维施测，计算出对老年人认知、情感及行为意向态度的平均值和标准差（见表5-7），按照极差的中值将态度分为"积极"和"消极"两类，结果如图5-2所示。可见，虽然从认知和情感维度上看，大多数老年前期人群对老年人社会参与都持积极、正向的态度，但积极的程度并不高。在行为意向维度上，老年前期人群对老年人社会参与的积极态度并没有体现在实际行动上，在行动中大多数老年前期人群会选择较为消极的、回避性的行为。老年前期人群承认社会参与的必要性，却在老年人社会参与的支持和行动上持消极态度。他们一方面持平常心看待老年人出入公共场合，参与公共活动；另一方面回避或漠视同老年共同参与社会活动。这种态度与行为上的差异是由多方面因素造成的。第一，观念转化为行动本身需要付出一定的成本，当观念强化到一定程度时，才会表现为实际行动。对于老年人社会参与来说，大多数老年前期人群将其看作老年人自娱自乐的方式，对社会和其他社会成员的作用与意义不大，所以转化为实际行动的动力不足；第二，支持老年人社会参与所面临的障碍更多，包括消耗更多时间、与老年人交流不易、观念上的冲突、承担老年人发生意外的风险、被动接受他人"道德审判"等，导致社会成员支持老年人社会参与的成本更大、风险更高、难度更大；第三，缺少老年人社会参与的支持环境,包括缺少风险控制机制、明确的责任分担、参与质量评估等。在权衡利弊之下,社会成员选择回避与漠视的行为意向也是情理之中。

表5-7 老年前期人群组对"老年人社会参与"的总体态度

类目	极大值(分)	极小值(分)	平均数(分)	标准差
认知维度	28	16	23.76	2.62921
情感维度	20	4	11.88	3.38202
行为意向维度	23	19	21.85	3.51685
总计	71	39	58.99	7.48176

注:三个维度的取值范围在越接近极小值说明态度越正向,"认知维度"的得分范围为12~36分;"情感维度"的得分范围为4~20分;"行为意向维度"的得分范围为19~23分。

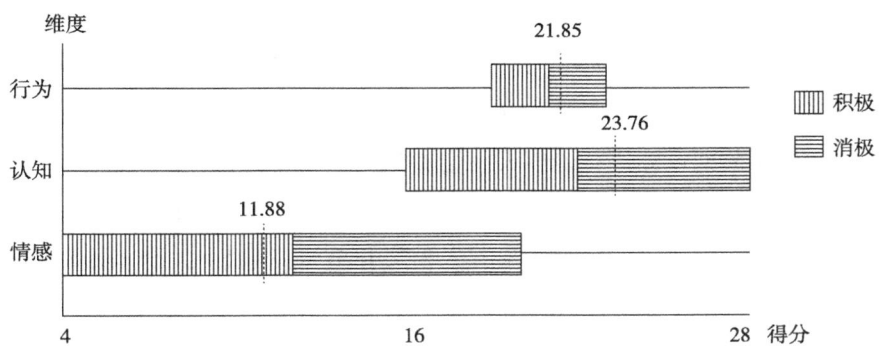

图5-2 老年前期人群对"老年人社会参与"的总体态度

未来,老年人社会参与将会面临更高层次和更多内容的需求,老年前期人群会更关注参与活动内容的价值性,不单单追求参与活动的"利己"性,也追求通过参与社会活动实现社会价值并得到社会其他群体的尊重。而且,未来的老年群体会更加关注活动的可及性和便利性,对社会参与的专业性和安全性有着更高的要求。因此,首先,需要转变对老年人社会参与"多余""无用"等固有认识和理解,将其社会价值和个人价值体现出来。其次,需要提高老年人社会参与的积极情感体验,调整活动时间,分门别类组织专门性活动,让有不同兴趣、爱好的老年人都能够根据自己自身情况扬长避短,自由选择。最后,需要完善老年人社会参与的保障机制,为走出家门,参与社会活动的老年人提供安全保障和人文关爱。

(4)内隐态度与外显态度存在个体差异。由于对老年人社会参与的态度是个体内在的、隐性的内心活动,受到社会教化和提问方式的影响,可能被试者内心的真实想法与所填问卷有出入,为了验证这一问题,利用IAT法(内隐联想测验)测试89位老年前期个体对老年人社会参与的内隐态度,记录被试者在步骤四做出选择耗费的时间和步骤六耗费的时间,两者相减即为该被试者的IAT效果值。差值为负,表明在被试者的内在意识中,老年人的社会参与表现为积极、正面的形象;差值为正,说明在被试者潜意识中,老年人的社会参与和其他群体的社会参与相比是有差别的,更加消极、负面。差的绝对值的大小,表明被试者内隐态度强度的大小。66位老年前期个体进行老年人社会参与的IAT测试结果分析如下❶。

66位被试者的平均IAT效果值为-65.27ms,标准差为255.83($W=0.973$,$P=0.938>0.1$),服从正态分布。其中,有35位被试者的IAT测试结果小于0,即对"老年人的社会参与"持有积极、正面的态度,占到总人数的53%;有31位被试者的IAT测试结果大于0,即对"老年人的社会参与"持有负面印象,占总人数的47%。步骤四的平均反应时间为1376.99ms,步骤六的平均反应时间为1442.26ms,两组相关系数为0.678($P<0.001$),最后对两组平均反应时间数据进行配对t检验结果显示,显著性程度Sig.值小于0.05,说明两组的均值有显著差异。总体上,老年前期

---

❶ 除去反应正确率低于80%的男性受试者13位,女性受测者9位,IAT测试结果均使用66位被试者的数据。

人群对老年人社会参与的内隐态度是积极和正面的，与外显态度趋势一致，都是对老年人社会参与持肯定态度。因此，可以大致认为，老年前期人群对于老年人社会参与的内隐态度和外显态度总体上没有差别。

如果从个体角度看，在认知、情感、行为意识三个维度的态度测试中，分值在39~71分之间，如果将得分超过平均数即定义为对老年人社会参与持消极态度，那么持消极态度的老年前期人群仅有13位，而在内隐态度测试中有31位老年前期人群持有消极态度，说明部分个体已经受到社会期望和道德教化的影响而改变作答。内隐态度是无法内省识别的过去经验和认识所留下的痕迹。总体来看，老年前期人群对老年人社会参与的"有限积极"态度是真实群体态度的反映，即人们认为这种态度是符合目前社会道德准则、可以表露在外的。"有限积极"是整个社会对于老年人社会参与的基本态度，因此在这个阈度中的态度都是可被接受也不会受到道德谴责的。但是部分个体出现了超出阈度外的消极态度，即对老年人社会参与表现出认知上的误解、情感上的厌烦、行为意向上的漠视等，在社会道德和政策宣传的正面引导下，这种消极态度得到了掩饰。值得注意的是，当持有消极态度的个体过多时，就会互相影响，使群体内的态度准则发生变化，从而破坏社会群体对老年人社会参与的支持环境。内隐态度起源于过去的实际经验，要改变消极的内隐态度，必须从提升参与体验入手，即通过完善的服务和社会保障制度减少与老年人共同活动的负面情感，缓解老年人社会参与时与其他社会群体的冲突与矛盾，引导老年人参与具有一定社会意义的活动，促进老年前期人群与老年人的互动与理解。

3. 结论

老年人与老年前期人群在"老年人社会参与的社会价值"上存在不同看法。老年人多将参与社会活动视为对自身价值的肯定，是获得心理满足感和社会认同的重要渠道。在认知维度和情感维度上，老年前期人群总体上对老年人社会参与持有限积极的态度，具体表现为较肯定老年人社会参与的价值，欣赏社会活动中的老年人形象。然而，这种欣赏和肯定非常有限，远比不上老年人自身所期望的程度。因为大多数老年人（超过70%）认为自己能够发挥不逊色于年轻人的价值。老年前期人群的有限积极态度可能来源于同老年人一起参与社会活动的糟糕体验。在现实生活中，各行各业的老年前期人群都有同老年人打交道的机会，有52.7%的老年前期人群感到不耐烦、羞耻、气愤和无可奈何等负面情感，而老年人的负面情感经历相对较少。可见，一方面，我国老年人社会参与没有专业化的服务标准和流程，社会活动不适应老年人的生理、心理特点，没有发挥老年人的优势。另一方面，在市场经济迅速发展的今天，对参与价值理解上的偏差是很多老年人与中青年在分享公共资源时产生矛盾的根源，也是当前老年人受尊敬程度下降❶的重要原因。因此，应进一步强化老年前期人群的尊老敬老意识，注重社会代际关系调节，强化老年人在志愿服务、社区管理与建设、相关政策、技术咨询与再生产等方面发挥作用。

在行为意识维度，IAT测试发现老年前期人群受社会期望和道德教化的影响，对老年人社会参与的消极态度容易被隐藏，如老年前期人群对老年人社会参与不帮助、不表态、不加入，这个结论看起来有些残酷，但是却揭示了未来的老年人社会参与将有更高的要求，因为老年前期人群会更关注参与活动内容的价值性，不单单追求参与活动的"利己"性。老年前期人群希望通过参与社会活动，实现社会价值并得到社会其他群体的尊重，更加关注活动的可及性和便利性，对社会参与的专业性和安全性有着更高的要求。

三、松散的社区人际关系

人们的社会活动离不开周围人际关系网络的影响，良好的人际关系网

---

❶ 宋宝安. 当代中国老龄群体社会管理问题研究[M]. 北京：中国社会科学出版社，2009.

络在社区情境中对老年人社会参与起到促进作用，即老年人与居住社区关系越亲密，人员越熟悉，居住时间越久，越容易进入社会活动之中。与传统紧密的人际关系网络相比，城市中的人际关系网络呈松散的状态。

首先，受到居住方式和家庭结构的影响，子女、亲戚等居住的距离较远，亲缘关系对老年人社会参与的影响减小。问卷中对老年人社区人际关系网络进行了问题设置（见表5-8）。高龄老年人（90岁以上）与子女居住距离最近，年轻老年人（60～74岁）与老年人居住距离较远（如图5-3所示）。年轻老年人是社会参与的活跃群体，却面临最为松散的家庭代际关系网络。中龄老年人的人际关系亲密度最高，高龄老年人的人际关系亲密度最低，年轻老年人的得分在中间；而在社区关系方面，年轻老年人对社区工作者和社区服务地点、联系方式的知晓程度最高，中龄老年人和高龄老年人对其知晓度依次降低。说明中龄老年人对自身居住环境附近的人际关系比较重视，而年轻老年人对于人际关系则没有距离生活环境远近的明显区别，对社区内公共环境的人际关系也比较亲密。高龄老年人在以上两个亲密度维度上都处于最低的水平，但是代际关系亲密度最高，居住时间也最长。说明高龄老年人主要在家庭环境中进行人际交往，对家庭外的人际关系不甚关心。从代际关系方面看，以与子女居住距离为指标衡量老年人同子女的代际关系亲密度，年龄越大的老年人的代际关系亲密度越高。

表5-8 社区网络文化量表

考察项	问题设置	计分方式
人际关系亲密度	你是否会去邻居家串门	从5到1程度逐渐减轻，5=经常去；1=从不去
	你对周围的住户是否熟悉	从5到1程度逐渐减轻，5=非常熟悉；1=不熟悉
社区关系亲密度	熟知社区老年服务中心的地点、电话	从5到1程度逐渐减轻，5=非常熟悉1=不知道
	认识社区工作者	从5到1程度逐渐减轻，5=认识大部分，1=不认识

续表

考察项	问题设置	计分方式
代际关系亲密度	子女与自己的居住距离远近	从5到1表示距离逐渐增加,5=与子女同住,1=与子女不同省份居住
居住时间	您在该社区居住了多少年	从5到1时间逐渐减少,5=30年以上

其次,在现代化的社区管理模式替代传统的单位型社区管理模式中,社区委员会成员由彼此不熟悉的社区成员担任,老年人同社区的联系减弱,对社区的感情淡化。以B社区为例,B社区传统的活动组织者和管理者由单位工会变成了现在的社区居委会。大多数老年人不认识现在的社区服务员,也不知道社区居委会的具体职能和联系方式,这种情况在中龄老年人和高龄老人中很明显。老年人认为现在的社区服务工作人员太年轻,对老年人不了解,难以设身处地地为老年人着想,照本宣科的询问和调查,缺乏感情上的交流。可见,情感是老年人社会参与的重要前提。

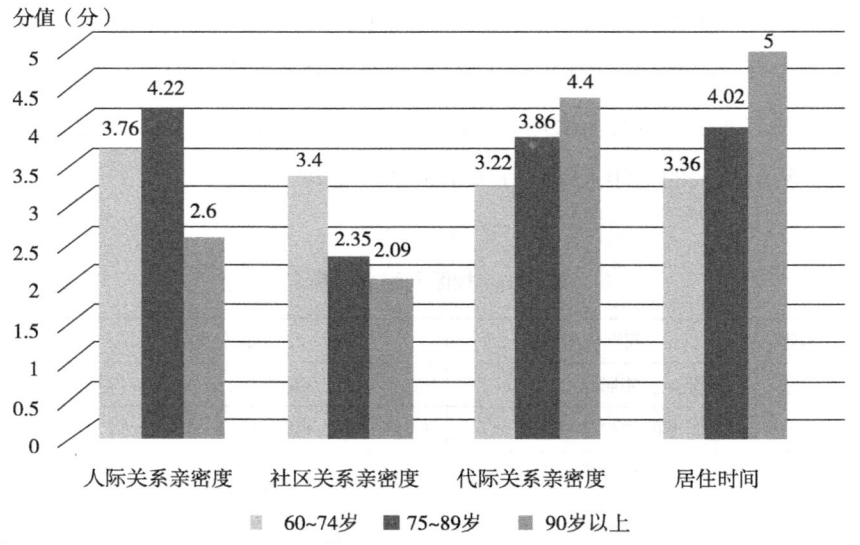

图5-3 不同年龄段老年人的社区文化网络得分

最后，社区成员复杂化，外来人口、流动人口和租住户居住增多，不易形成紧密的人际关系网络。在B社区受访对象中，年纪越大的老年人居住的时间越长，90岁以上的高龄老人在社区内居住普遍达30年以上，但这并不意味着他们的社区关系亲密度更高，相反，高龄老人的社区关系亲密度是三个年龄段里最低的。他们对社区服务部门的地址、联系方式、工作职能缺乏了解，并且对社区工作者、社区服务员不熟悉，也缺乏信任和交流，由此导致高龄老年人与社区公共生活脱节的现象比较严重。

第二节　社区情境中的行动逻辑

本节采用实地观察和访谈法，对B社区老年人不同形式的社会参与行为进行观察，分析老年人在社区情境中社会参与的行动逻辑。

一、进入规则

社区情境的边界非常广阔，社区情境中的老年人社会参与首先要明确社会参与的成员界限及哪些因素是促使老年人产生加入社会活动的动力，老年人社会参与多形成在社区构成的"小环境"中，这些"小环境"包括以建筑物、公共空间、活动设备、居住距离组成的客观物质条件和以年龄段、出生地、家庭类型、房屋产权、邻里关系组成的非正式人际关系。拥有相近地缘环境和人际关系网络相似的老年人，拥有最先进入社会活动的机会。

社区情境中老年人社会参与遵守社区地缘进入规则，即距离活动场所距离越近，越容易获得活动设备，越熟悉社区建筑环境，由此老年人进入社会活动的积极性越高，可能性越大。

B社区位于T市区东部，距市中心28千米，人口约0.3万人。曾是国有企业职工及其家属聚居的单位型社区，在1976年地震后进行了重建。2009年，政府对该社区进行了改造扩建，社区边界及居住人群也发生了较大变化。在社区建设规划方面，政府将原社区统建房改造成了现代商品房，分为7层商品楼房和3层老式楼房两种类型。社区中新建道路较多，其中有几条是原小区内道路拓宽改建而成，是通向城市北外环的道路之一，车流量大，且丁字路口没有设信号灯；在居住人群方面，居住者不再限于本单位职工。老住户的年龄偏大，人数较多。由于社区内有一所重点高中，因此外地的学生、家长租住户较多。在社区管理方面，2007年新建小区建成后，所有社区管理和维护事宜交给了专门的物业公司，并在一年后成立了小区业主委员会。这种客观环境的改变，一定程度上影响了B社区老年人社会参与的进入动力。社区建筑、布局经过了大规模的拆迁改造，以及经营权转让与性质的改变使老年人对于活动场所的布局大多感觉陌生，从而导致部分年长的老年人失去社会参与的积极性和主动性，很多老年人认为"性质变了""不适合老年人去"是他们不愿再去参与活动的主要原因。

以原来社区配备的、主要供退休职工活动的场所"工人文化宫"的变迁为例，它从20世纪50年代起经历了从国营影剧院到私营俱乐部再到个体分地皮承包经营的转变，几次改变性质和服务内容，"原来的文化宫是国营的，20世纪六七十年代随企业发展历经辉煌，有不少著名的评剧演员在文化宫登台演出，很多T市区和周边镇上的人来听戏、看电影。文化宫经营过滑冰场、外包剧院等场所，一直经营不善。再后来一度改回退休职工活动中心"❶。现在，政府统一规划，在原基础上建成了老年活动中心，但始终人气不足，因为老年人大都表示没有再去过该处参与活动。

二、操作规则

在这种危机下，是否B社区的老年人就丝毫不热衷于社会参与呢？事实并非如此。B社区的老年人自发形成了很多非正式的活动小组，这些活动小组规模和活动时间不等，小组成员打破了工作单位的限制，一些老年

---

❶ 访谈记录编号GGB201301。

人同时参与了几个活动。活动的种类包括广场舞、太极剑、腰鼓队、"暴走"、打牌和区春节晚会演出等。我们对距离B社区两个公交站点远的金山广场、社区内花园、社区—金山公园沿线和社区活动中心等老年人主要活动区域进行观察走访，发现不同类型的活动小组的操作规则存在差别。假设广场舞为A小组，腰鼓队为B小组，"暴走"为C小组，打牌为D小组，太极剑为F小组，见表5-9。

表5-9　B社区老年人参与社会活动主要形式

活动项目	组织类型	活动成员构成	活动场所	管理与控制
广场舞A队	自发组织	本社区及其他社区中老年人	距离社区2站地的金山广场	公安局广场巡逻车
广场舞B队	自发组织	本社区及其他社区中老年人	距离社区500米的空地	无
F太极剑、拳	自发组织	主要为社区居住在X栋的老年人	小区内的花园中	小区保安
C"暴走"	自发组织	同爱好的中老年人	沿社区-金山公园路线	无
D打牌	自发组织，社区提供场所	同单位的退休职工	社区活动中心	社区委员会
春节文艺演出	区政府等部门组织	参与选派、报名的老年人	区电视台	区政府、区委、电视台、社区
市老年人书画展	市老龄委、文体局等	参与报名或选派的老年人	市图书馆	市图书馆、政府职能部门

第一，在自发性团体娱乐活动中遵循成员分层、内部核心向外推衍，权威逐渐下降的规则，越外圈的成员其活动的固定性和组织忠诚度越低。以A小组和B小组为例，A小组和B小组是自发性健身娱乐性质的老年人活动。两个小组每天参加活动的人数各有20～30人，年龄分布在53岁到67岁之间，由B社区、G社区等附近多个社区的中老年人组成。一开始只是个别人组成的小规模健身活动，后来加入的人越来越多，目前组内成员

分成组织者、固定核心成员、积极分子、暂时成员等层次。保管音响设备和购置设备、处理财务（B小组）及选择场地、通知活动地点等事务由有威望的固定"队长"负责，指导大家练习动作由"领舞"负责，他们的权威自发形成于组内，并受到成员的认可。固定核心队员自发性地对活动事务进行讨论和决策。暂时成员行动最为自由，来或不来参加活动不用知会任何人。"我来这什么也不管，他们放音乐就跟着跳，跟不上（节奏）也没关系，我就是想活动活动手脚，跳累了就走，反正我每天都会来这里遛弯。"❶

组织者之前并不认识，但在一起活动已有1年以上，通过定期交流，彼此建立信任并联系紧密。A小组开展活动的原始契机是广场公园的建成。由于A小组距离B社区较远，需要乘坐公交车才能参与活动，所以B社区参与A小组活动的老年人只有6人，他们均是散步路过这里自发加入的，是A小组的暂时成员。A小组的老年人参与体验普遍较好。"整个人都快乐了很多，有的人老了身形变了，肚子越来越大，不好看，现在有这个活动不用每天晚上吃完饭就坐着长肉，还显得有点事干。她们都看见我苗条了，显得年轻。"❷但是处在最中心的"领导"成员则面临更多的尴尬和无奈。家人不支持、感觉劳累、不能协调团队成员关系成为这些"领导"成员面临的主要困难。一位带队参加过区广场舞比赛的A小组成员表示："我跟老伴儿两个人住，子女都不在身边，我之前领着我们队参加一个活动，练习得比较多，回到家也想动作、想谁动作不到位，这样跟他交流和收拾家里的时间就少了，老伴儿就不太满意，跟孩子埋怨，孩子就经常劝我别去了。"❸还有一位老年人也表示成员间的矛盾让她感觉不愉快："有些老太太就是来玩的，象征性地摆摆胳膊腿，也跟不上节奏，也

---

❶ 访谈记录编号GGB201303。
❷ 访谈记录编号GGB201302。
❸ 访谈记录编号GGB201303。

不好好学,就和旁边人说话聊天,我们不说她她就拉着别人聊,拉下脸来说她她又甩脸色,说怎么你还搞得这么认真,其他人也不会帮着我说话,我就感觉很失落。"❶

第二,老年人自组织活动以共同的兴趣爱好为共同体属性,共同属性是团体活动的黏合剂,主要形式包括棋牌活动、太极剑活动、"暴走"活动等。参加此类活动的老年人年龄从63岁到87岁之间,C小组、D小组与A小组相比年龄偏大,小组规模更小,一般由5～10人组成,成员之间没有明显的层级差别和权威意识,靠兴趣爱好和人际关系紧密联系在一起。活动没有明显的时间分段,一开始成员和活动地点就几乎是固定的。D小组的老年人为同单位退休职工,同质性最高。F小组的老年人为居住在同小区相邻单元的老年人,同质性较高;C小组为同社区老年人,共同爱好户外运动,同质性最低。在参与体验方面,B小组的老年人活动体验是最好的,且在成员内部的参与体验基本没有差别。老年人在活动当中及感受到了愉快轻松的氛围,又提高了自我认知。在访谈中,"自在""愉快""熟悉"是老年人谈到参与体验时最多出现的关键词,家人支持程度较高。"毕竟是一个单位的,知根知底,活动也就在小区里,有什么事可以打个电话,家人马上就能过去;跟外面的人出去玩就不一样了,一路上车多不安全,人也太杂,有很多骗子就混在这里面,先跟老人家套近乎,再让你买这买那。"❷

第三,半自组织形式的社会活动遵循公共部门的权威管理。这种形式的社会参与主要指每年市、区组织的各种老年人参与的节日活动和文艺演出等,主办方多为社区或相关政府、事业单位等公共部门,老年人通过自发报名或自发组织参加活动。这类活动对参与者一般具有硬性要求,如具有一定的文艺特长,或是文艺工作背景。同时,活动有特定的资助单位或

---

❶ 访谈记录编号GGB201304。
❷ 访谈记录编号GGB201305。

是资金来源,活动时间、地点要求比较严格,需要遵守严格的分配规则。成员之间也没有太多的私人情感,一般在活动场所进行交流。"组织老年人活动很难,需要大家的支持,不光是老年人,还要家属、街道、社区、相关单位的支持。前几年,我们和街道办的负责人都有了固定的联系,要举办活动就由他们找固定的人来参与。这两年我们开始广泛宣传,号召老人报名,我们去过很多社区,办一些横向的联合活动,让老年人认识我们,愿意参与。但是现在还有很多社区没有形成风气,调动不起来,离得远的也不愿意跑,下一步希望能配备服务车,可以接送远一点的社区的老年人。"❶

第四,社区公共事务的参与具有很强的"利他"属性,需要较强的外部驱动力和内部驱动力共同作用。老年人参与社会公共事务形式主要有社区居民委员会及业主委员会。B社区居委会在程序上一般由居民直接选举产生,居民委员会是居民自我管理、自我教育、自我服务的基层群众性自治组织,该类型的社会参与属于较高程度的社会参与。因此,在B社区业主委员会的推选和业主委员会成员中,老年人的比例所占均不高,老年人处在小区公共事务参与的边缘,远不如文艺活动普及。有研究发现,1949年之前出生的人不参与社区事务的比例达到69.2%。❷调查显示,B社区不到15%的老年人"过去5年没有参加业主委员会的推选活动",参加业主委员会推选的老年人仅占6.2%。

根据伯沃克(Bukov)的理论,社会参与行为是积累性而非选择性的,公共事务型参与的外部驱动力包括充足的时间、特殊才能和资历,以及社会知识和社会能力三方面的资源积累,对于老年人来说,社会知识和社会

---

❶ 访谈记录编号GM201301。

❷ 孙龙.公民参与——北京城市居民态度与行为实证研究[M].北京:中国社会科学出版社,2011:89。

能力的要求是最重要的[1]。老年人参与社会公共事务所必备的社会知识和社会能力包括社会的认同度、社会责任感、公共管理意识、对社会事务的关注度、社会归属感五个维度[2]。认同感和归属感较高、具有较强社会责任感、具有一定公共管理意识和对社会事务有持续关注度的老年人更具有社会公共事务参与的动力和积极性。B社区老年人公共事务参与意愿情况见表5-10。

表5-10 老年人公共事务参与意愿分布

设问	选项	总人数 N=514人		年轻老年人 N=282人		中龄老年人 N=190人		高龄老年人 N=42人	
		人数（人）	占比（%）	占年轻老人比（%）	占比（%）	占中龄老人比（%）	占比（%）	占高龄老人比（%）	占比（%）
以下观点中，最同意哪一种	社会越来越复杂，我们老年人不用参与	41	7.98	1.42	9.76	17.37	80.49	9.52	9.76
	服务社会是年轻人的事，老年人不用管	93	18.09	9.22	27.96	23.68	48.39	52.38	23.66
	老年人应承担自己社区中力所能及的事	75	14.59	18.79	70.67	10.53	26.67	4.76	2.67%
	老年人是社会的重要一员，能够发挥自身的价值	245	47.67	49.29	56.74	48.42	37.55	33.33	5.71%
以下观点，最同意哪一种	老年人是需要被社会照顾的群体	354	68.87	50.71	40.40	92.63	49.72	78.57	9.32%
	社会责任不因年华逝去而消失	65	12.65	18.09	78.46	3.68	10.77	9.52	6.15%
	说不清	95	18.48	19.15	56.84	3.68	7.37	11.90	5.26%

---

[1] BUKOV A.Social participant in very old age[J].The Journals of Gerontology Series B：Psychological Sciences and Social Sciences,2002,57(6):510.

[2] 李宗华,高功敬,李伟峰.基于logistic模型的城市老年人社区参与影响因素分析[J].学习与实践,2010(11):101-110.

续表

设问	选项	总人数 N=514人		年轻老年人 N=282人		中龄老年人 N=190人		高龄老年人 N=42人	
		人数（人）	占比（%）	占年轻老人比（%）	占比（%）	占中龄老人比（%）	占比（%）	占高龄老人比（%）	占比（%）
社区组织业余治安联防队，您认为	义不容辞	139	27.04	34.40	69.78	20.53	28.06	7.14	2.16%
	可以试一下	288	56.03	50.71	49.65	73.16	48.26	14.29	2.08
	尽量不参加	87	16.93	14.89	48.28	6.32	13.79	78.57	37.93
家附近的公共设施屡屡遭人破坏，您认为	竭尽所能，积极反映	41	7.98	9.93	68.29	2.63	12.20	19.05	19.51
	看情况而定	359	69.84	85.46	67.13	55.79	29.53	28.57	3.34
	无所谓，反正有人管	100	19.46	4.61	13.00	36.84	70.00	40.48	17.00
您对公共事务的关注度如何	非常关注	135	26.26	37.23	77.78	2.11	2.96	61.90	19.26
	一般关注	301	58.56	43.97	41.20	89.47	56.48	16.67	2.33
	从不关注	77	14.98	18.79	68.83	7.89	19.48	21.43	11.69
以下说法，哪些项符合你的感受（不定项）	老年人在全社会中能够得到他人的尊重和支持	187	36.38	36.17	54.55	28.42	28.88	73.81	16.58
	老年人在与公共部门打交道能够得到优待和礼遇	50	9.73	12.41	8.00	17.37	16.00	78.57	76.00
	老年人在社区中享受尊敬和关照	157	30.54	22.70	40.76	24.74	29.94	47.62	12.74
	均不符合，老年人没有特别	104	20.23	21.63	58.65	18.95	34.62	16.67	6.73

外部驱动力具有明显的年龄差别，从社会认同来看，不论是出于社会的复杂性还是交给年轻人的考虑出发，老年人对社会持"超脱"态度的比例总体较少，仅为7.98%和18.09%，但高龄老年人中有52.38%的人认为

"服务社会是年轻人的事,老年人不用管"。中、低龄老年人认同感最高,赞同"老年人应承担社区中力所能及的事""老年人是社会的重要一员,能够发挥自身的价值"的低龄老年人占总人数比为56.74%和37.55%。在社会责任感方面,68.87%的老年人认为老年人是需要被照顾的群体,尤其是超过92.63%的中龄老年人持这种观念。高龄老年人则在承担社会责任方面较为弱化,选择"尽量不参与"社区志愿活动的人中,高龄老人占了78.57%。可能是由于身体健康的原因,高龄老年人较少有精力和体力参与工作强度较大的社区志愿活动,承担社会责任对于高龄老年人来说不再是人生的必要工作,他们更倾向于享受社会的照顾和关爱。

对于社区附近公共设施被恶意破坏的反应可以一定程度上体现老年人是否具有公共管理意识。各年龄段的老年人大多都选择"看情况而定",较少有积极的举报和反映者。中龄老年人则大多更为消极,有70%的人选择不作为、继续等待。可见,老年人的公共管理意识并不强,"多一事不如少一事"思想较为普遍。这反映出社区的意见表达渠道不完善,老年人反映意见花费的精力和时间过大,由此导致老年人没有参与公共管理的热情。

公共事务的关注度方面,各年龄段老年人对公共事务的关注度都较高。绝大多数老年人都会关注社会公共事务,选择"从不关注"社会公共事务的老年人仅占14.98%,其中68.83%是年轻老年人。这与老年人获取社会公共事务信息渠道有关,中龄老年人和高龄老年人多通过广播、电视等媒体渠道获取社会新闻、了解社会公共事务信息动态,这种"弱连接"方式接触信息来源多,信息内容丰富。而年轻老年人与身边实际生活联系紧密,多通过亲人、朋友等"强连接"获取新闻信息,受"强连接"本身信息重复较多、信息来源有限等因素的影响,年轻老年人获取社会公共事务信息在丰富度上可能不如其他两个年龄段的老年人,且年轻老年人多需要承担一定的家庭责任,比如买菜做饭、接送孙子女上下学等,将较多精力放在家庭生活和有限的户外活动中，所以对公共事务的关注度有所减弱也是情理之中的。

社会归属感指作为社会的一员是否被接纳和尊敬。数据显示，老年人在社会生活中感受到关爱的程度并不高，肯定回答的占比均未超过40%。其中，高龄老年人的社会归属感最高，感受到全社会的关爱的高龄老人占73.81%，与公共部门打交道时受到特别礼待的占78.57%，在社区中感受到受尊敬的占47.62%，可见，与其他年龄段相比，高龄老年人具有较高的社会归属感。赞同"老年人在与公共部门打交道能够得到优待和礼遇"的老年人仅占9.73%，说明公共部门在关爱老年服务对象方面还有较大的提升空间。

按照表5-10中的计分规则，分别计算年轻老年人、中龄老年人、高龄老年人在五个维度上的总得分，之后除以每个年龄段老年人总数，得出年龄段老年人的平均得分，如图5-4所示。

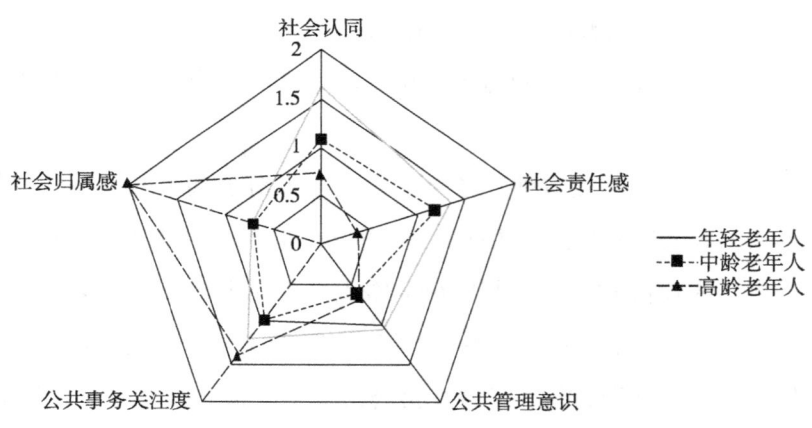

图5-4 各年龄段老年人参与社会公共事务意愿平均得分

由图5-4可知，老年人参与社会公共事务意愿的平均得分，在总体上75～89岁年龄段的中龄老年人比其他两个年龄段得分偏低，60～74岁年轻老年人与90岁以上被调查者存在明显的数值差异。在"社会责任感"与

"社会认同"两项上，年轻老年人比高龄老年人高出较多。在"社会归属感"和"社会公共事务关注度"两项上，高龄老年人的得分比年轻老年人高。

可见，增龄对老年人公共事务参与意愿有较大的影响。高龄老年人在生活中受到的社会尊敬和帮助更多，他们更倾向于信任、依赖群体生活，因此对社会有着更高的认同感。高龄老年人对社会事务的关注程度最高，可能是由于外出活动较少，在家庭中承担的义务也较少，因此有较多的空闲时间收听新闻。年轻老年人更倾向于承担社会责任，更倾向于自主、自立，因此在归属感上也较多"没有受到过优待"。在社会认同上，中龄老年人得分远低于其他年龄段老年人，在其他选项上也是最低，这在一定程度上体现了中龄老年人参与公共事务的兴趣是最低的。在访谈中发现，中龄老年人正处于功能和体力衰退负效果逐渐明显，身体状况对与人交往和交流影响越来越大，不得不从社会环境中撤退的心理角色转变过程中；代际关系上，中龄老年人的子女年龄在45~60岁之间，社会地位和在家庭中的作用正处在高峰时期，导致中龄老年人在家庭生活中，地位下降，影响其对社会公共事务的参与意愿和体验。

第五，社区情境中的群体态度对老年人社会参与行为产生重要影响。现代社会，随着人们在社会经济领域和公共领域中的关系不断扩展和深化，代际关系从微观的家庭层面扩展到了宏观的社会层面，构成了社会利益结构体系的重要方面，即社会化的代际关系[1]。与以血缘及婚姻为基准的家庭代际关系不同，社会代际关系是一种社会秩序，也是一种社会结构，直接反映了社会利益在代与代之间的分配状况。从社会代际关系上看，其他社会群体对老年人参与社会的基本态度可能影响老年人社会参与的体验。老年人是否能够持续性地进行社会参与，受周围群体欢迎与否的影响。

如图5-5所示，老年人在参与活动中总是主动或是被动地接收到周围

---

[1] 吴帆,李建民.中国人口老龄化和社会转型背景下的社会代际关系[J].学海,2010(1):35-41.

人对他的评论,当这种评论倾向于嫌弃和负面时,55.89%的老人会退出活动;完全不在意他人看法的老年人仅占10.00%。也就是说,其他社会成员对老年人社会参与的认同与否,会影响老年人社会参与的过程和持续性。当其他成员或社会舆论认为老年人社会参与是"没有意义的",会迫使老年人也产生类似的不认同感,终止参与或消极参与。访谈中也有老年人提到由于附近住户的反映而取消在社区花园唱歌的活动。

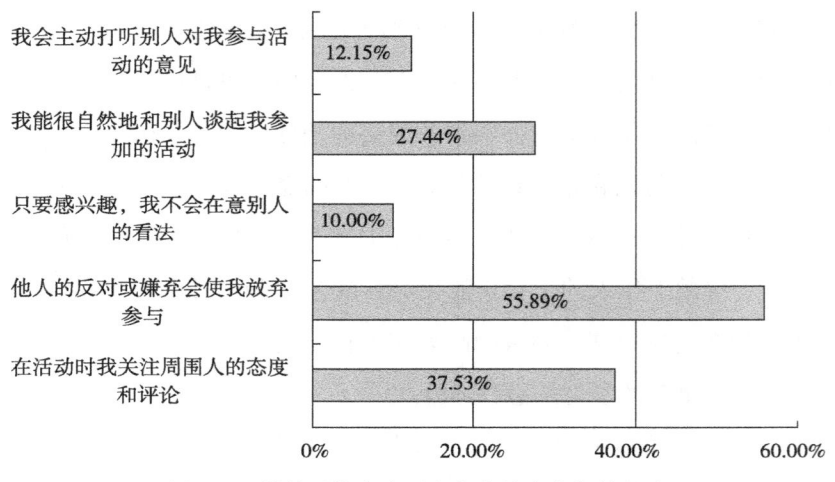

图5-5 其他群体态度对老年人社会参与的影响

如图5-6所示,关于"您觉得年轻人是否支持老年人参与社会活动"这一问题,33%的老年人认为年轻人对老年人社会参与的支持态度为"一般",认为"比较支持"的占21%,认为"非常支持"的占18%,有23%的老年人认为年轻人"不支持"老年人的社会参与活动,其中认为"非常不支持"的占总人数的10%。

总体来说,老年人的社会参与行为具有不稳定性,家人及社会舆论对老年人社会参与的影响非常大,大部分参与社会活动的老年人都会主动或被动地了解到社会对于其参与行为的评价,当评价倾向于负面时大多数老人会选择退出社会参与，从而避免与家人产生争执。可见，老年人的社会参与需要更多的外在社会支持与认同以强化和加固老年人社会参与活动，优化老年人社会参与体验，提升老年人社会参与的可能性。

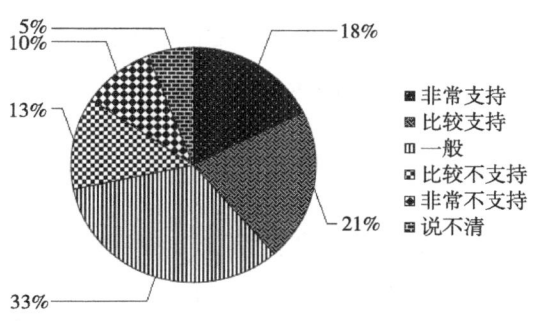

图5-6　老年人对年轻人是否持支持态度的感知

第三节　案例分析：异地社区养老者的阶段性参与

异地养老作为一种新型养老方式，早在20世纪初便已在加拿大、英国、日本、新加坡等国出现。穆光宗认为，异地养老分为长期性迁居养老和暂居式季节性休闲养老。❶从动机上则分为生活享受型、投靠子女型、子女吸引型与移居到养老机构型四种。❷姜向群提供了更加细致的定义："指老年人离开原来的生活地到另外地方生活的养老方式……'异地'是以行政区划为界限，即以离开县级以上的地区为标志。"❸

关于老年人离开原居地在异地生活的时间长短，有学者认为应该达到一年内累计3个月以上，以区别于旅游观光❹，有学者考虑到现实中越来越

---

❶ 穆光宗.关于"异地养老"的几点思考[J].中共浙江省委党校学报，2010(2)：19-24.
❷ 王树新."异地养老"应自由选择量力而行[J].人口研究，2006(4)：42.
❸ 姜向群.北京市老年人异地养老意愿分析[J].北京社会科学，2012(2)：33-37.
❹ KIVNICK H Q.The meaning of grandparenthood [M].Ann Arbor：University of Michigan Research press，1982：76.

多的人将旅游与养老结合起来,将其定义为离开原居地在异地居住满1个月以上的老年人❶,但实际调查中T市极少存在旅游与养老相结合的暂居养老,因此这里将时间界限规定为3个月以上。本次访谈的对象是从其他县级以上地区迁居到T市城区,居住时间满3个月的老年人。在"城市老年人社会参与态度及意愿问卷调查"中,356位被访老年人中异地养老老年人仅有47人,占老年人总数的13.2%。

一、迁居动因

调查中共访谈了47位老人,年龄跨度为61~88岁,平均年龄为67.25岁,标准差为5.56。其中男性31人,女性16人,有7位老年人的婚姻状态为丧偶。访谈对象的基本特征见表5-11。

表5-11 受访者信息情况　　　　　　单位:人

人数	原居住地		迁居原因			居住时间		居住方式	
	省内	省外	子女吸引	谋求生计	其他	长期	短期	独居	非独居
	31	16	32	7	8	36	11	26	21

人数	经济情况自评			身体状况自评			代际构成			
	较好	一般	较差	较好	中等	较差	一代	二代	三代	四代
	10	28	9	23	16	8	5	9	23	10

有学者认为"弱势老年人"更容易选择异地养老,如女性、受教育水平低、收入水平较差的老年人。❷有学者则提出了截然不同的观点,认为性别和受教育水平对老年人的异地养老影响不大。气候寒冷地区的老年人更愿意选择"候鸟式"的异地养老方式,原居地在中南、华南及云南、贵

---

❶ 李亚妮.隔代抚养下的亲子关系分析[J].社会研究,2010(9):53.
❷ 丁志宏.我国老人异地养老意愿的实证研究[J].兰州学刊,2012(6):129-133.

州等地的老年人较少异地养老❶。代际构成方面，代际构成越少的老年人越倾向于异地养老。

近半数异地养老者在原居地生活于空巢家庭中，有配偶的老年人愿意到异地养老的可能性大于无配偶的老年人。❷可见，"异地养老"基于个人家庭和社会等因素的综合考虑，表现出较大的个体差异性。其中，代际关系、经济情况、身体健康状况和居住地环境成为影响老年人异地养老的重要因素。

T市的异地养老多属于长期迁居型，以投靠子女和子女吸引为主，省内老年人多于省外。"我一退休就和老伴搬到孩子这里来住了，趁着身体还好，还能自己做饭，收拾屋里，赶快适应适应这边，不然就我们两个人在那边也很孤单。"❸因为环境因素而迁居的老年人几乎没有。可见，T市异地养老是老年人分担子女家庭负担、享受家庭生活、提高晚年生活质量的一种方式。

在受访的28位老年人中，大多是文盲或是仅有初中受教育水平，收入水平从1000~5000元不等。对于T市异地养老的老年人来说，幸福莫过于与儿女生活在一起，享受家庭的温暖。老年人谈及在异地生活的希望和憧憬时，大多对自身的物质要求非常低，更多关心的是其他家庭成员的平安幸福与其乐融融。

受访者：生活上没有问题，我的钱（养老金，1000块左右）够用了，子女还经常送东西过来。

访谈员：您平时有花钱的地方吗？

受访者：我平时只管自己吃好、喝好，其他的都不管。也没有花钱的地方，药和什么保健品孩子都给买。

访谈员：您希望过什么样的生活？

---

❶ 李芬.异地养老者的特征:异地养老模式的机遇与挑战[J].人口与发展,2012,18(4):62-66.
❷ 姜向群.对"异地养老"的概念及其实践活动的质疑[J].人口研究,2006(4):42.
❸ 访谈对象编号HT20130905。

受访者：钱当然越多越好，谁嫌钱多呢是吧？但是自己岁数大了，就这样儿女都在身边就挺好，子女孝顺，他们平平安安过得顺心是我最大的愿望。❶

可见，T市的异地老年人在迁居目的上，多是为陪伴儿女，互相照应，或是为子女照顾下一代。部分来打工的老年人，也是由于子女或亲戚在T市，所以迁居过来以做小生意的方式补贴家用；在居住方式上，多选择和子女同住或与子女同社区、同街道居住；在生活愿望上，对物质生活的追求远比不上对父慈子孝、其乐融融的家庭生活的向往。

值得注意的是，老年人最为关心、最为担忧的是异地医疗问题。很多老年人不敢病，怕生病，对异地医疗的抱怨主要集中于医保报销体制方面。"在这里，最怕的就是生病，医保卡没办法刷，还得用儿子的卡买药，儿子曾想过办那个回本地报销的，可是要这个证明那个证明的，很麻烦，我现在就等于没有医保卡了，这很不合理，你们要想办法解决一下。"❷

医疗费用过高和对医生缺乏信任也是异地老年人就医面临的问题，有老年人提到："一进医院医生看见你就先问'公费还是自费'？我自费还跟公费不一样治法，这哪是看病？这是看人呐。"❸"医疗？担心啊！大医院进去就千八百块没了，进去也没有熟人，心里没底，医生说咋治咋治，说吃啥药吃啥药，被蒙都不知道。"❹

除了子女，邻里、朋友、同事等人际关系对老年人的心理有着独特的抚慰作用。但是在异地，有的老年人提出了病中对人际关系的渴望，同时也提出在异乡养病缺少关怀："我一进医院感觉很不好，以前在老家一说你生病住院了，亲戚朋友都来看，唠会儿嗑，帮忙的也都有，心情很好。现

---

❶ 访谈对象编号 GYJ201308222。
❷ 访谈对象编号 LB201308251。
❸ 访谈对象编号 GYJ201308221。
❹ 访谈对象编号 GYJ201308223。

在一个人在医院里躺着,液体没了还得自己按铃,我一看着旁边病床有人来看,心里就难受得不行,谁叫我大老远跑这儿来呢?一个亲人都没有。"❶

可见,长期居住型的老年人更加需要融入社会,通过参与社会活动,重建人际关系网络和培养社会认同,以此弥补孤独感和失落感。

二、异地老年人社会参与阶段特征

第一,初步适应阶段。异地老年人遇到最多的问题首先是对城市交通不熟悉。"不是不想出门,是出门太不方便,坐公交车得事先把站牌记好几遍,车里人一多就听不清报站,坐过了站点。"❷结伴出行也不太现实,大部分老年人独自外出活动,"小区里的人都不认识,我一说话人家就听出来不是本地人"❸。"在公园溜达了一个月都没人跟我说过一句话。"❹其次是很多老年人在日常生活中经历过区别对待。"我去菜市场买菜,有一个卖茄子的卖给别人3块,我过去问他一听我是外地口音,就要价3块5,哪有这样做生意的?"总之,在迁居初步适应期,道路交通不熟、区别对待、人情淡漠、缺乏信任是老年人感受到的主要问题,也是老年人社会参与的主要障碍。

为适应周围环境的变化,初步适应阶段的老年人逐渐放弃自己在原居住地的生活方式和兴趣爱好,选择对体能要求较低的、安全舒适的出行方式,如步行和由子女陪伴出行,出行的距离和次数也均降低。这就导致老年人的活动范围基本限制在小区或是社区一级的范围内。同时,老年人的交往范围和信息交换也偏少,精力大多花费在适应新环境上面,如气候、饮食、作息时间等,因此一般情况下老年人不会在适应期主动参与人数较多的社会活动。很多老年人回忆起刚搬到T市居住时的心情都是烦躁和忐忑的,尤其对于之前依靠邻里关系和社区亲戚朋友支持较多的老年人来说

---

❶ 访谈对象编号LB201308252。
❷ 访谈对象编号HT20130904。
❸ 访谈对象编号LB201308252。
❹ 访谈对象编号GYJ201308221。

"每天都睡不好，不习惯，老是忘事，也经常有回去的念头"❶。有的老年人能够很快从茫然无措中走出来，熟悉周围的医院、菜场、超市，甚至结交了几个一起打牌的"玩伴"，逢节假日还能约上伙伴们一起坐公交车去郊区钓鱼；而有的老人在搬来几年之后仍然对周围环境知之甚少。

第二，兴趣探索阶段。兴趣探索阶段是指当老年人稳定下来之后，在饮食上适应了当地的饮食口味；在气候上，适应了当地的冷热变化；在生活上，适应了与家人日常生活上的空间交叠与压缩。生活节奏的趋同使老年人进一步寻找社会活动和人际交往。在此时，老年人往往从最常接触的环境认识新朋友、主动关注周围活动信息，实现与周围环境的初步交流，社区组织、周围活动场所、老年人娱乐活动组织情况和参与方式等内容逐渐进入初步交流的话题范围。如果老年人在参与初期能够有较好的参与体验，那么他会逐渐参与到社会活动当中。

访谈员：您一开始是怎么想到加入的呢？（公园内一个自发组成的弹唱乐队，均由退休老人组成）

被访者：我跟他（指另一位老人）来的，他住我楼下，知道我以前会拉二胡，问我要不要一起玩，我想试试吧，第二天就拿了把二胡过来了。刚开始怕拉不好别人笑话，毕竟大庭广众的，他们就开导我，这把年纪了就当自娱自乐，过了几天觉得挺好，就跟着练上了。❷

在兴趣探索阶段，迁居老年人会对周围的人和事物产生很强的防备心理，对陌生人或是社会活动的公告信息多半心存疑虑。有老人表示："刚来那会儿有社区居委会的人上门来说有个老年人医疗咨询会，在外边敲了半天门我都不敢开，他说他是社区的就是社区的？我一个人在家可不放心，后来孩子回来我把这事儿一说，才知道是他们给我报了名，人家是来给我发号牌的。"很多子女也不放心老年人单独活动或是出行，一边想让

---

❶ 访谈对象编号 LB201308251。
❷ 访谈对象编号 HCFD201301。

老年人能够参与活动，生活过得丰富惬意，另一边又担心老人上当受骗或出危险。可见，在兴趣探索阶段，建立老年人对周围环境和人的信任感是非常关键的环节。此外，个人性格也是建立起老年人社会参与机制的关键因素。有研究显示，自评性格乐观的老年人更容易参与到文体类社会活动中。❶总的来说，在兴趣探索期，老年人对社区认同感还不高，良好的活动体验和第一印象是帮助其进行社会参与的重要手段。子女、较为亲近的邻居或是社区人员可以采取措施激发老年人的社会参与动力，主动了解老年人的生活乐趣，为其提供交流与参与的机会和平台。

第三，寻求认可与支持阶段。这是老年人参与意愿、人际关系和信息获取都比较稳定的阶段。在这一阶段，老年人更加关注自己与其他本地老年人在社会参与中的平等地位和作用，更愿意表达自身的参与需求。如果说兴趣探索阶段主要是参与娱乐活动，多为自组织的活动形式，那么，在这一阶段则深入到参与公共事务、志愿服务、学习培训、投票选举等由政府或社区组织的正式社会活动，范围也不再限制在社区或是一街一道领域。但这一阶段并不是每个老年人都会经历，而是需要外力推动，这个外力包括较为完善的社会参与系统和支持体系。具体来说，法律系统是对社会参与组织的性质，结构和职能进行规范；基础设施方面包括提供活动场所、资金支持、人员和技术供给。

综上所述，异地养老老年人的社会参与大体经历三个阶段，是一个循序渐进的过程。在这一过程中老年人需要更多的信任及感情和物质上的支持。社区在最初融入阶段可以通过邻里"以老帮老"的形式，由老年人组成迁居老年人关爱小组，从引导老年人熟悉周围社区环境和风俗习惯开始，逐渐增加异地老年人对社区的信任和归属感，并通过加强社区医院、社区保安、社区物业的统筹合作，为老年人建立全面的服务系统，增强其安全感。

---

❶ 段桂艳.城市老年人社会参与度研究[D].北京:中央民族大学, 2012.

第六章　国家情境中的老年人社会参与

老年人社会参与的国家情境由国家关于老年人社会参与的政策、对老年人社会参与的管理模式及制度安排组成。近年来，中央和地方倡导"积极老龄化"，并陆续出台了一系列法律法规及配套的政策支持，为老年群体融入社会、参与社会活动、过上"老有所教、老有所学，老有所为，老有所乐"的生活提供了各方面的支持。在老年人社会参与方面，我国并没有出台专门的法律和法规，而是通过一系列老龄发展战略、社会保障制度对老年人社会参与加以确认，从原则性层面规定老年人社会参与的基本权利，从经济和健康需求方面为老年人社会参与提供基本保障。

然而，尽管我国从2008年开始社区居家养老服务体系建设，但是由于老年人社会参与的对象广泛、基础薄弱，所以并没有产生立竿见影的效果，老年人社会参与存在一定的滞后和地区发展不平衡现象[1]。具体表现在从政策出台到老年人实际感受到政策成果的时间间隔较长，不同户籍地老年人享受到的政策存在较大差距[2]，居住在农村、偏远地区的老年群体覆盖不足等方面。

因此，本章在阐述老年人社会参与的制度建设基础上，以"老年人实际感知"为标准，对促进老年人社会参与的政策效果进行定量分析，探讨标准类、保障类、项目类三个方面的老年参与政策由中央传递到老年人实

---

[1] 王莉莉.中国老年人社会参与的理论、实证与政策研究综述[J].人口与发展.2011(3):35-42.
[2] 丁志鸿,王莉莉.我国社区居家养老服务均等化研究[J].人口学刊.2011(5):83-88.

际生活的过程及其相关影响因素,为深入研究促进老年人社会参与的政策效果问题提供一种思路。

第一节 老年人社会参与的国家情境

一、老年人社会参与的制度供给

制度在整个老年人社会参与体系中发挥着决定性的作用,老年人有序地参与社会活动依赖于社会制度的有效运行。一方面,制度提供了有意识、有目的的理性设计,构建了人人参与的社会体制;另一方面,对传统、习俗和经验的制度化,树立了社会主流敬老爱老的道德规范和文化传统。由于时代和科技的快速发展,工业经济兴起,传统农业和手工业在社会经济中的地位有所下降,经验和知识可以通过更加迅速、便捷的方式得到传播。年轻人在经济发展中独当一面,老年人的知识在生产中处于次要位置,老年人社会参与的制度也受到一定程度的削弱。下面我们将从两个层面对我国老年人社会参与制度进行分析。

1. 正式制度

正式制度首先体现为各项促进老年人参与的老龄政策。首先,《中华人民共和国老年人权益保障法》(以下简称《老年人权益保障法》)是规定老年人的权利和义务的专门性法律,其中对保障老年人的社会参与权利作了明确的规定:"为保障老年人合法权益,发展老年事业,弘扬中华民族敬老、养老的美德,依据宪法,制定本法。国家和社会应当采取措施,健全对老年人的社会保障制度,逐步改善保障老年人的生活、健康以及参与社会发展的条件,实现老有所养、老有所医、老有所为、老有所学、老有所乐。国家保障老年人依法享受的权益。老年人有从国家和社会获得物质帮助的权利,享受社会发展成果的权利。"明确了社会参与是老年人的基本权利，从法律层面倡导老年人合法的社会参与行为，并在第七章对老年人参与社会发展的权利作了具体规定。

除了《老年人权益保障法》，我国在宪法、婚姻法、继承法、民法等法律中也建立起了老年权益保障机制和以民政部、全国老龄工作委员会（以下简称"老龄委"）为主体，劳动和社会保障部、卫生部、财政部、国家发改委等协同参与老年人社会保障职能的体系。老龄委主要负责"推动开展有利于老年人身心健康的各种活动，协调联合国及其他国际组织有关老龄事务在国内的重大活动，对各地的老龄工作开展情况进行指导和督促"。

第一，老年人的经济参与。物质生活条件或对物质资源的支配是老年人实现社会参与的基本保障。老年人一般通过再就业，领取退休金、养老金、福利津贴，购买养老服务、老龄产品，收取房租等形式进行经济参与。对于广大农村老人和退休的城市老人来说再就业是首选，如何利用和开发低龄老年人再就业的资源，是很多国家应对快速人口老龄化的"法宝"。《"十三五"国家老龄事业发展和养老体系建设规划》特别提出，"支持老年人才自主创业，帮助有意愿且身体状况允许的贫困老年人和其他老年人接受岗位技能培训或农业实用技术培训，通过劳动脱贫或致富"，"依法保障老年人在生产劳动过程中的合法收入、安全和健康权益"，并鼓励各地因地制宜制定老年人才开发和利用专项规划，以此从国家政策层面保障老年人的经济参与权。但老年人就业措施还存在不足，配套政策也并不完善[1]，对老年人参与经济活动的待遇、分配方式、权益保护等方面还缺少专门的法律及权威部门的监督机制。所以，扩大老年人以再就业形式实现社会参与还需要进一步的政策保障和制度建设。老年人的经济参与还

---

[1] 徐新，张钟汝.城市老龄社会政策的研究及挑战[M].桂林：广西师范大学出版社，2012：158-159.

有一项重要内容是参与养老保险。我国从1984年开始实行养老保险费用的社会统筹，到1995年养老保险改革实现了城镇企业职工社会统筹和个人账户相结合的养老保险制度，从未停止过推动扩大养老保险覆盖面的步伐，并不断向公平化、平等化的方向改革。2000年至今，我国又从三个方面将老年人养老保险社会化管理推向深入。一是促进公平化。2015年1月14日，国务院发布《关于机关事业单位工作人员养老保险制度改革的决定》，对机关事业单位工作人员养老保险制度进行改革，机关事业单位实行社会统筹与个人账户相结合的基本养老保险制度，由单位和个人共同缴费，困扰我国多年的双轨制养老制度终于实现并轨。二是关注农村老年人的经济权益。为进一步扩大对农村老年人的经济保障，2009年我国开始实施"新型农村社会养老保险"（以下简称"新农保"）试点。2013年，全国约半数省份将"新农保"与城镇居民社会养老保险合并，不再区分城市户籍和农村户籍。2015年，新型农村养老保险和城镇居民养老保险正式合并为城乡居民基本养老保险。三是开发满足老年人照护需求的新型险种。尽管我国尚未建立满足高龄化需求的长期照护制度体系，但已由国家统一组织试点，探索建立长期护理保险制度，2016年，人力资源和社会保障部发布《关于开展长期护理保险制度试点的指导意见》，选择15个城市建设长期护理保险制度试点，探索建立以社会互助共济方式筹集资金，为长期失能人员的基本生活照料和与基本生活密切相关的医疗护理提供资金或服务保障的社会保险制度。

第二，老年人参与社会医疗服务。20世纪50年代，我国建立起城镇职工社会医疗保险制度。20世纪90年代之后，我国分别在农村和城市进行了社会医疗保险制度改革。在农村地区实行合作医疗制度和城乡社会医疗救助制度，并通过《关于加快推进新型农村合作医疗试点工作的通知》等文件逐步扩大农村老年人参与社会公共医疗服务的范围；在城市重点发展以社区为依托的医疗卫生服务体系，相继出台了《关于发展城市社区卫生服务的若干意见》《城市社区卫生服务基本工作内容（试行）》《关于2002年城市社区卫生服务发展目标的意见》等政策措施。从2008年起，我国开始社区居家养老服务体系建设，不断推进分级诊疗，加强基层小型医疗机构、社区卫生服务中心的医疗服务建设；推进"医养结合"的养老模式，促进居家、机构老年人参与社区医疗服务。2015年，国务院办公厅转发了《关于推进医疗卫生与养老服务相结合指导意见的通知》（国办发〔2015〕84号），明确了医养结合的五项重点任务，即建立健全医疗卫生机构与养老机构合作机制、支持养老机构开展医疗服务、推动医疗卫生服务延伸至社区和家庭、支持社会力量举办非营利性医养结合机构、鼓励医疗卫生机构与养老服务融合发展。2016年，国家卫生计生委、民政部出台了《关于印发医养结合重点任务分工方案的通知》，将上门诊疗、就诊绿色通道、医疗服务信息化建设等重点任务进行分解，明确各相关部门责任分工。此后《"健康中国"2030规划纲要》《"十三五"国家老龄事业发展和养老体系建设规划》《"十三五"深化医药卫生体制改革规划》《"十三五"卫生与健康规划》等国家战略和重要规划相继出台，特别为居家老年人提供上门医疗服务，保证了老年人的社会医疗服务权利。

第三，构建社区居家养老服务体系。社区居家养老是以社区为载体，以社区基层组织为主导，发挥政府、社区、家庭和个人多方面的力量，充分动员社区中的财力、物力和人力资源，为老年人能够按照自己的意愿，在熟悉的社区环境中受到照顾、参与社会事务，与家人、朋友一起安度晚年。社区服务的社会化和社区基层自治自主化发展，是满足老年群体社会参与需求的可行路径。我国十分重视社区居家养老服务体系的建设，2008年颁布了《关于全面推进居家养老服务工作的意见》，开始全面推行社区居家养老模式，提出必须坚持社会化方向，采取多种形式，充分调动社会各方面力量参与和支持居家养老服务，吸引生活自理的老年人走出家门进入社区。《2013年中央财政支持社会组织参与社会服务项目实施方案》特别提出支持老年社会组织发展的措施,包括建立养老服务信息化平台、组织和指导构建老年人社会服务标准、从业人员职业标准及管理规范,以"积极鼓励老年人再社会化,为他们的社会参与搭建广阔平台,创造良好政策环境和社会氛围"❶。《2018年中央财政支持社会组织参与社会服务项目实施方案》支持社会组织参与社会服务项目扩大到463个,从经费层面支持老年社会组织的发展。

第四,促进老年教育、文化、体育、维权等发展。从20世纪90年代开始,我国开始重视老年人的文化教育活动,政府部门出台了一系列促进老年人参与文体活动的相关政策,具体包括《关于进一步加强老年文化建设的意见》《关于进一步加强新形势下老年人体育工作的意见》《关于做好老年教育工作的通知》《关于加强维护老年人合法权益工作的意见》等,从公共活动场所、活动设施、活动类型和活动保障等方面对老年人参与多样化的社会活动提供政策支持。但是,有研究显示,由于长期对老年人参与休闲文化活动认识不足、缺乏多样化的投资渠道和资源管理权配置不尽合理等因素,老年人的社会参与支持仍处于政策不足的状态❷。

随着我国人口老龄化的不断加剧,我国政府越来越重视促进老年人社会参与的长期战略规划。2001年,国务院发布了《中国老龄事业发展"十五"计划纲要》(以下简称《纲要》),《纲要》中明确指出要"鼓励老年人继续参与社会发展",并分别对城乡老年人社会参与的侧重点提出了不同的发展导向。对于城镇的老年人,提出开发和利用"老年人才资源",注重老年人在教育、科研、社区服务、基层民主等领域继续发挥作用,体现了对老年人文化参与、社区参与、政治参与的重视。随

---

❶ 阚枫.民政部部长:鼓励老年人再社会化 释放老年人口红利[EB/OL].(2013-11-02)[2014-03-21]. http://www.chinanews.com/gn/2013/11-02/5456049.shtml.

❷ 穆光宗.中国老龄政策反思[J].市场与人口分析,2005(1).

后，2006年8月全国老龄委发布了《中国老龄事业发展"十一五"规划》，提出"进一步完善和搭建促进老年人参与社会发展的平台，开拓老年人才参与社会的渠道"，在"发展社区居家养老""积极老龄化"的理念影响下，各级政府纷纷组织了老年群体的社会参与活动。例如，老龄委倡导并组织以东部地区为主的全国大中城市离退休老年知识分子，以各种形式向西部地区或经济欠发达地区开展智力援助行动，简称"银龄行动"。一切以"老有所为"为主题内容的老年人活动和项目，都可以纳入"银龄行动"。❶ "十二五"规划中加入了"加快老年活动场所和便利化设施建设"，考虑到了为促进老年人社会参与打造友好城市环境的相关内容。"十三五"规划中将老年人体育健身、文化活动、老年协会建设、基层老年社会组织规范发展、老年志愿服务等作了进一步推动和强化。

然而，老年人社会参与在很多具体层面还存在制度缺失。

第一，老年人文化服务制度不健全。文化娱乐活动是老年人社会参与的首选，文化服务制度的完善与否直接关系到老年人社会参与的质量和满意度。从管理上来看，社区老年文化活动和文化建设缺乏完善的管理制度保障。例如，老年大学、社区文化站、社区老年人活动中心等一定程度上承担了为老年人提供日常文化娱乐活动的职责，但这些组织提供的文化服务数量和质量无法满足老年人的文化需求。实际工作中，虽然相关部门参与了老年社区文化活动建设，但是由于没有统一的社区文化建设组织协调机构，导致各个部门不能互相配合形成合力，文化活动存在内容主题重复、形式单调、资源利用不足等问题，不利于社区老年文化活动的发展。从财政支持来看，老年人的社区文化活动投资渠道单一，参与主体不足。目前的社区活动多为市民自发组织的非正式文化娱乐活动。国家开展的社

---

❶ 中国政府网."银龄行动"开展十年 吸引约500万老年志愿者参与[EB/OL].(2013-12-19)[2015-01-02].http://www.gov.cn/jrzg/2013-12/19/content_2551041.htm.

区文化活动存在"活动门槛高""活动内容形式化""活动硬性要求过多过死"等问题。此外，其他经济主体参与老年人文化活动的积极性不高，导致社区老年文化活动资金不足，无力配置活动设施和服务人员制约了老年人社区文化活动的开展。从资源配置来看，老年人文化活动资源并没有得到优化配置，处于社区割裂、单位割裂的状态。一些老式社区老年人集中聚居，老年人的文化需求较多，但是社区文化活动场所和设备的配置并没有体现需求导向；一些新建小区，老年人居住较少，且大多为高龄老年人，却建设了大量老年人体育运动场馆，导致活动设备闲置。这些资源浪费都是由于资源配备过程中并未针对本社区老年人情况进行调研造成的。

第二，民间社会参与团体支持政策不足。在调查中发现，很多社会性质的老年协会或老年公益组织、民间团体并没有独立的办公场所，没有固定的在职人员，普遍缺乏经费，缺少与政府部门的合作。在建制上，有的老年协会归属于民间自治组织，单独在民政部门登记造册；有的隶属于地方老龄委；有的属于挂靠某公会或慈善协会的二级协会，由上级协会管理。可见，民间团体还没有完善的制度建设，很难成为老年人社会参与的有效途径。

第三，专门性法律和保障制度不完善。我国早在1986年提出了对离退休专业技术人员继续参与工作的规定，一段时期内，老年人社会参与对象限制在"离退休干部""专业技术人员""高级知识分子"等范围内。随着老龄化程度的加深，我国对老年人社会参与的对象范围已扩展至全体老年人。1994年，《中国老龄工作七年发展纲要（1994—2000年）》中明确规定了要鼓励和支持低龄、健康的老年人进行社会参与；1996年，《老年人权益保障法》从法律上规定了参与社会是全体老年人的权利。有研究指出，目前我国老年人社会参与的法律可操作性不强，以就业和职业方面的法规来说，关于老年人在社会活动中的职业、劳动强度和劳动保护等方面内容均不明确❶。《老年人权益保障法》列出了我国老年人社会参与的8项内容，均关注于老年人为社会贡献和参与公益活动方面，未提到文化娱乐活动和精神文化活动❷，且只是笼统地指出"国家应当为老年人参与社会主义物质文明和精神文明建设创造条件"，并无具体的措施。因此，应尽快制定《老年人参与社会发展法》等专门性法律，进一步明确老年人社会参与的对象、途径、物质保障、权益保护、组织程序等内容，为老年人社会参与提供法律保障。

2. 非正式制度

非正式制度是人们在长期社会交往中逐步形成，并得到社会认可的行为准则。惩罚的规则和定义是人们从过去处理事情的经验中得来的，是一种群体的"心照不宣"。例如，不遵守约定时间的人，会发现自己不会再受到邀请，而守时的人，会发现其他成员在他面前也非常守时。非正式制度的表现形式有价值信念、风俗习惯、道德观念、意识形态❸和盎克鲁-撒克逊社会中的自然法等。

毫无疑问，我国老年人社会参与的非正式制度扎根在深厚的传统孝道文化土壤上，与中国社会老龄化、少子化的发展现状相互交融。随着现代化的发展，当前老年人社会参与的非正式制度发生了以下变化。

首先，家庭代际观的变化。家庭，是主要的养老场所，家庭代际观就是对老年人在家庭中应该和子女保持怎样的关系的看法。在传统社会，在以血缘为纽带的社会关系中，老年人承担一家之长的责任，管理和组织家庭的一切生产、婚嫁、礼法活动，掌握家中的财产分配。所谓"养儿防

---

❶ 徐新,张钟汝.城市老龄社会政策的演进及挑战[M].桂林:广西师范大学出版社,2012:125.

❷ 八项内容包括:1.对青少年和儿童进行社会主义、爱国主义、集体主义教育和艰苦奋斗等优良传统教育;2.传授文化和科技知识;3.提供咨询服务;4.依法参与科技开发和应用;5.依法从事经营和生产活动;6.兴办社会公益事业;7.参与维护社会治安、协助调解民间纠纷;8.参加其他社会活动。

❸ 孔泾源.中国经济生活中的非正式制度安排[J].经济研究,1992(7):70-80.

老",指晚辈在长辈衰老之后成为老年人的依靠,照顾老人的生活,安慰老人的情感。父父子子保持着一种亲密而有序的家庭秩序。而在现代社会,这种观念发生了很大的变化。城市老年人与子女之间越来越倾向于精神联系,习惯了独立的生活模式。有学者曾对上海市的老年人对"晚年生活的预想和规划"进行调查,发现大多数较年轻的老年人倾向于同子女分开住,各自保持独立的生活,能够"避免产生矛盾","生活更加自由",而年龄较高、经济收入较差的老年人则倾向于"多被孩子照顾一点"[1]。2011年,一项对北京、上海、广州、重庆四个城市城1116位居家老年人进行的调查显示,北京市已有超过四成的老年人不与子女同住,其他三个城市不与子女同住的老年人也在30%左右。有超过1/3的老年人不愿与子女住在一起,主要原因是避免代际矛盾和希望有自己独立的生活空间。理想的养老模式是与子女住在同一个小区或是临近小区,这样既方便各自生活又能互相照应。对于未来的生活规划,超过半数的老年人表示随着年纪的增大,未来的养老方式会发生改变,超过40%的老年人表示愿意入住养老机构,其次是独自居住、聘请保姆或钟点工来家里照顾[2]。

独立的家庭代际观使老年人对子女的物质依赖性有所减弱,老年人不再局限于对家庭生活的专注与贡献,将眼光放在家庭小环境之外的社会生活和人际交往当中。中老年人独立的家庭代际观念是我国老年人社会参与的非正式制度基础,能够为老年人参与自己感兴趣的社会活动提供前提和基础。

其次,生活形态观的变化。所谓生活形态观,是指老年人对自己的晚年应该享有怎样的生活状态的看法。部分老年人受时代教育影响,抱有"为子女而活""为人父母及为人牛马"的传统观念,生活形态多为静态

---

[1] 陈珂.从上海民众的老年观看老年教育的发展趋势[J].高等函授学报(哲学社会科学版),2008(5):33.
[2] 于贵红.2011中国城市养老居住模式研究报告[R].北京:润土咨询,2012.

的、封闭的、单调的，限制在家庭的小圈子中，日复一日地为儿女、孙子孙女忙碌。随着社会的发展，老年人的生活也越来越丰富多彩。老年人不再局限在家里、菜市场、幼儿园等地，而是主动地挖掘自身兴趣爱好，积极参与社会活动，接触新鲜事物，增长见识。生活形态观越来越开放。用他们自己的话说则是越来越"想得开"❶。有的老年人表示，退休之后要"四处走走看看，以前成天围着孩子、工作转，现在孩子大了，我要和老伴儿趁着还走得动去外面的世界，开开眼界"。还有的老年人认为开放的生活方式有助于排解心情："人是群体的，人老了就更应该多接触外界，才不会天天想着自己那点事，才会心情开阔。"❷在"城市老年人社会参与态度及意愿问卷调查"半结构式访谈中，我们设置了问题"您认为以下哪种是您理想的生活状态"用来测量老年人对自己生活形式的期望。问题的答案包括：A.我的时间都花在自己的爱好上，能做自己喜欢做的事就是幸福的；B.我最幸福的就是能帮儿女带外孙孙子；C.有机会和老同事相聚，生活不寂寞才是幸福；D.能和有共同语言、兴趣爱好的人一起，过上群体生活，才能欣赏自己，找到自己存在的快乐；E.幸福就是和子女每天生活在一起，享受天伦之乐。结果选择A的老年人占43.4%，选择B的人占10.1%，选择C的人占22%，选择D的人占18.9%，选择E的老年人仅占5.6%。可见，老年人生活形态观从以"儿女"为重心转移到关注"自身"，积极开放的生活形态观是老年人社会参与的推动力。

最后，自我价值观发生变化。自我价值观是老年人接受自己和重视自己的程度，表现为：①老年人感觉到被社会他人所接受、注意、关怀，认为自己对于社会发展来说有价值；②认为自己具备参与社会活动、影响活动的能力；③遵守社会已有的道德标准。目前，已有研究大多关注老年群

---

❶ 李洁.当代我国城市老年文化研究[M].上海：上海人民出版社，2012：81-82.
❷ 访谈对象编号GGB201303。

体对自身健康状况、体能和生活现状的评价,对老年群体如何评价自身的社会价值的研究较少❶。

二、老年人社会参与政策执行

政策执行是国家情境中的重要环节,为了能够更加清晰、客观地了解老年人社会参与政策执行情况,我们引入"政策时滞"概念,采用Cox风险比例模型和Kaplan-Meyer方法(简称K-M法)进行分析。

政策时滞是指从开始观察的时点到事件发生的时点之间,或到尚未经历事件的人被删截的时点之间的间隔❷。政策时滞分为内在时滞和外在时滞。❸内在时滞是指政策当局从认识到政策环境发生变化,需要进行政策调控(认识时滞),到政策当局选择合适政策工具并付诸实施所花费的时间(行政时滞);外部时滞是指从政策开始实施到它对政策对象完全产生作用所需要的时间❹。政策时滞无法一概而论是积极的还是消极的,它同所涉及的政策问题之间存在着复杂的动态影响,一般需要综合考率经济因素、政策个体,政策层级等因素。很多学者运用时间序列方法研究老年人口的退休政策、养老保障政策等问题❺,探讨政策时滞如何最优化,使其能够平衡政策所承诺的收益并反映现实的需要。

从表6-1可见,我国2008—2014年在城镇居民基本养老保险、城镇居民医疗保险和社区居家养老等方面均有新政策出台,国家级政策出台时间与地方时间并不相同,在城镇居民养老保险和城镇居民医疗保险这两项政策上,中央先于地方出台政策。而在居家养老服务政策上,有一些地方政

---

❶ W C COKERHAM,王友平.老人的自我评价[J].心理科学进展,1987(3):65-67.

❷ 郭志刚.社会统计分析方法——SPSS软件应用[M].北京:中国人民大学出版社,1999:385-421.

❸ 白战伟,李树培.我国财政政策和货币政策时滞的测算[J].中央财经大学学报,2010(4):1-5.

❹ W C COKERHAM,王友平.老人的自我评价[J].心理科学进展,1987(3):65-67.

❺ 杜鹏,李兵.生命进程理论和方法及其对老龄政策的意义[J].浙江学刊,2007(03):5-9.

府动作先于中央。政府内部的养老政策存在时滞,老年人对养老政策的感知时间更加滞后。

表6-1 2008—2014年每隔两年养老政策推出情况

政策内容	政策名称	2008年		2010年		2012年		2014年	
		中央	地方	中央	地方	中央	地方	中央	地方
城镇居民养老保险	关于开展城镇居民社会养老保险试点的指导意见	无	无	有	无	有	无	有	无
城镇居民医保	国务院关于开展城镇居民基本医疗保险试点的指导意见	试点	有	有	有	有	有	有	有
社区居家养老	关于全面推进居家养老服务工作的意见	有	无	有	无	有	无	有	无
老年福利机构	全国社区服务示范城区标准	有	有	有	有	有	有	有	有
社区服务中心	社区老年人日间照料中心建设标准	无	无	无	无	无	无	有	有
社区服务信息平台	关于推进社区公共服务综合信息平台建设的指导意见	无	无	无	无	无	无	有	有

我们将以上政策集合分为三种类型。第一,将城镇居民养老保险、城镇居民医疗保险政策列为经济型政策。第二,将社区居家养老、日间照料中心的服务内容、项目、社区服务信息平台等归为服务型政策。需要注意的是,有关老年人居家服务收费标准的政策仍然是经济型政策,因为其政策目的是对经济关系进行规制。第三,社区服务标准、老年照护人员标准、日托中心等建筑标准归为第三类标准型政策。这些政策是否在现实生活中对老年人社会参与起到了积极作用?在对T市老年人的调查中,我们以"是否实际享受到该项福利政策"为题,把老龄政策从最初以政府文件形式公布到被调查老年人享受到该项政策的时间间隔作为政策时滞,假设

老年人感知到政策是我国养老政策时滞的一个标志性事件，超过95%的老人回答"有"养老保险和医疗保险则说明被老年人感知，超过20%的老年人回答"有"社区居家养老服务则说明被老年人感知。调研数据取平均结果见表6-2。由于篇幅所限，只列出2008—2014年每隔两年的政策数据。G区老年人平均感知到城镇居民养老保险政策时间为18个月，L区也是18个月；而对于社区服务标准政策来说，G区的老年人平均感知时间为46个月，L区仅为25个月。可见，老年人对于不同类型的养老政策感知的时间存在差别。

表6-2 2008—2014年T市养老政策时滞调查数据

政策内容	政策时滞(个月)			
	覆盖率超过95%		被老年人感知	
	G区	L区	G区	L区
城镇居民养老保险	18	18	18	18
城镇居民医保	33	30	33	30
社区居家养老	—	—	—	15
社区服务标准	—	—	46	25
日间照料中心	—	—	60	—
社区服务信息平台	—	—	—	—

资料来源：国家级政策颁布时间来自国家民政局网站的公开数据，省级政策颁布时间来自当地民政局数据以及全国老龄门户网站。由于篇幅所限，这里只列出2008—2014年每隔两年的政策数据。"—"表示暂无该类数据。

产生政策执行时滞的原因在于公共政策本身、政策执行主体、政策目标群体、政策执行资源等方面[1]。老年参与政策目标群体是老年人，受自

---

[1] 吕学新,杨芳.公共政策执行的影响因素分析[J].理论界,2007(12):4.

身和社会条件等原因限制,老年人感知政策信息的渠道有限❶,要花费一定的时间成本、健康成本来感知养老政策;在政策执行主体方面,我国的养老政策碎片化,既存在自上而下的层级执行模式,又存在自主性较强的地方示范模式;养老政策与老龄事业发展、养老保障体系、老年医疗保健、为老社会服务、老年文化教育、老年人参与社会发展、老年人合法权益保障七个方面具有密切联系,涉及多个部门,政策本身较为复杂。可见,老年参与政策限制较多,收益不确定,政策从出台到被目标群体实际感受到所持续的时间较长,导致老年人容易倾向于消极的感知政策。

三、老年人社会参与政策存在内部时滞

访谈中对经济类和服务类政策均感知到的老年人数,占总样本量的53.2%。在"您知道这个政策是哪里决定实施的吗"提问中,超过半数的老年人都只能笼统的回答"政府",还有一小部分人回答"单位的福利"和"完全不知道"。由此可见,老年人并不能清楚区分政策来自哪个部门。

从政府内部视角进行分析,以中央政策出台到地方政策出台的时滞时间为因变量,选取东中西部共20个省为样本,建立政策-月数据,用K-M法生存函数描述政策时滞的分布特征,发现我国老年人社会参与政策存在内部时滞❷,如图6-1所示。

---

❶ 王德文,谢良地.社区老年人口养老照护现状与发展对策[M].厦门:厦门大学出版社,2013:95.

❷ 详细论证过程见本人发表的论文《利用离散时间logistic方法分析我国居家养老政策时滞——以省级政策为视角》(《西北人口》2015年第3期)。

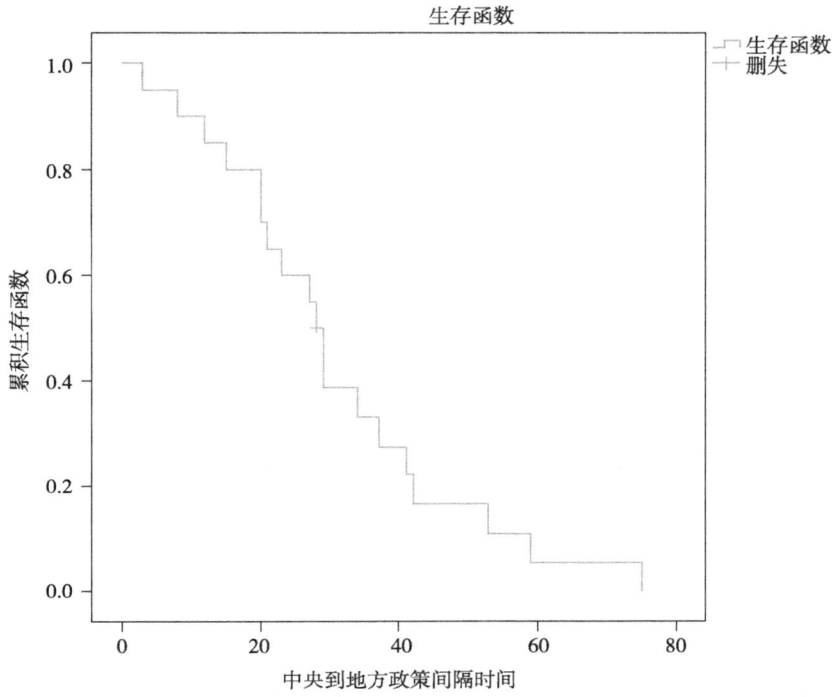

图6-1 中央到地方政策间隔时间的K-M法生存函数图

首先，在中央政策出台的前20个月，未进一步颁布当地老年人参与政策的省份比例在80%左右，这说明在中央老年人参与政策出台初期，各地普遍处于对中央政策的理解和调研阶段。

其次，从20个月左右开始到40个月之前，曲线变得陡峭，斜率较高，各地纷纷集中在这一时期颁布老年人参与政策。原因如下：一是由于各地两会结束，政策和方案得到了充分的讨论并得以通过；二是我国老年人参与政策普遍实行试点模式，需要经历长时间对试点城市的调研和总结才能将老年人参与政策在省内铺开。从均值上看，地方政策出台的平均时间约在中央政策出台后的31个月，而中位数为28个月，说明各地出台政策的时间比较靠后，更倾向于经历比较长时间的准备和试点工作，这与国家社会化养老的试点政策模式相吻合。

最后，在时隔中央老年人参与政策出台的40～80个月，出现了一次曲线趋于水平，基本没有地方政策出台，说明老年人参与政策在省级政策层次上存在时滞。

可见，由于内部时滞和执行时滞双重作用，老年人在社会参与政策的获知及信息获取方面完全处于被动状态。原因主要有：第一，老年人参与政策的实施需要充分把握对当地老年人口现状、社区情况等❶，因此要耗费较长的时间进行试点和调研；第二，老年人信息获取和沟通渠道不畅，导致无法调动老年人关注政策的积极性。

四、服务类和标准类的社会参与政策效果不佳

问卷对老人所感知的政策类型进行了区分，并控制了年龄变量，Cox比例风险函数回归的P值远小于0.05，表明政策类型与老年人参与政策时滞之间十分显著，且R^2=48.29，模型总体拟合优度较好。为了方便分析，我们用优势比(Odds Ratio)的方式来解释自变量的影响作用❷（见表6-3）。Exp（B）=2.246，说明以标准型政策为参照组，对经济型政策的感知约是标准型政策的2.25倍。Exp（B）=1.257，说明服务性政策约是标准型政策的1.26倍。在对老年人参与政策的感知中，经济型政策感知程度最高，标准型政策的感知程度最低，在样本中几乎没有老年人选择这一类型的政策。

表6-3　政策类型与社会参与政策时滞Cox比例风险函数回归

政策类型变量	B	SE	Wald	df	Sig.	Exp(B)
标准型政策（参照组）						
经济型政策	0.809	0.154	27.752	1	0.000	2.246
服务型政策	0.229	0.095	5.805	1	0.016	1.257

注：方法=输入

---

❶ 姜振华.城市老年人社区参与的现状及原因探析[J].人口学刊,2009(5):38-43.
❷ 杜本峰.事件史分析及其应用[M].北京:经济科学出版社,2008:208.

造成这一结果的原因可从两方面分析：一是政策方面，标准型政策的对象大多针对养老服务机构、照护从业人员、建筑行业等专业性较强的单位，对老年人并不进行广泛宣传和推广，由此造成老年人感知程度不高；二是老年人方面，老年人对服务标准并不关注，因为这涉及继"有无该项服务"之后更深层次的"服务质量如何"的问题，老年人目前没有第一类"有无该项服务"的需求。老年人对政策标准大多用"满不满意"的朴素语言进行描述。

调研发现，老年人并不是没有对老年人参与政策标准的需求，而是这种需求内化成了一种主观感觉，需要通过更细致的交流和长期的观察才能获得。因此，需要对居家养老服务人员的工作方式和考评方式进行重构，使其更适合老年人的心理需求和表达方式。

在服务型老年人参与政策方面，存在信息渠道不畅的问题。社区掌握着居家养老服务内容的主动权，按照自身机构运作的时间和习惯进行供给，对老年人的需求缺少关注，导致很多服务只是形式。有些老年人有时间、有精力、有人脉，就可以第一时间享受到社区服务，另一些老年人却被排除在信息圈之外。

老年人参与政策推行的过程是一个多方面综合影响的复杂过程[1][2]。经济型政策的政策感知度最高，如直接发放补贴和医疗保险等，具有强制性，速度快，信息和资料完备受老年人关注度高。这说明我国经济型老年人参与政策的执行较为有力和及时。

标准型政策适用于自下而上的探索性路径，由各省制定符合本地区实际的居家养老服务标准。目前，我国标准型政策的路径是"试点城市标准"—"中央推广"—"省标准"。省级老年人参与政策的出台一般在中

---

[1] MARIO SPORTELLI, LUIGI DE CESARE, MARIA T, BINETTI. A dynamic IS-LM model with two time delays in the public[J]. Applied Mathematics and Computation, 2014(243):728-739.

[2] KYDLAND F E, PRESCOTT E C. Rules rather than discretion: the inconsistency of optimal plans [J]. Journal of Political Economy, 1977(85):473-492.

央政策出台后的20~40个月，时滞期较长，政策反应慢，有时甚至落后于实际服务的供给，出现"一边服务，一边产生问题，一边制定标准"的现象。而对于标准类政策的忽视则更倾向于人为原因，老年人对标准类政策的集体无感知，显然是由于政府在推行标准类政策时其政策对象限定为医院、老年日托中心的老年人，以及为老服务人员和社区工作者等专业机构和人员，并没有将老年人纳入政策对象。然而老年人作为居家养老服务的最终受益者，是否真的没有必要获知服务标准？答案无疑是否定的，标准类的老年人参与政策亟须完善。

服务类的老年人参与政策是居家养老体系中最重要的一部分，也是与老年人生活最为密切的一部分。服务类政策时滞较长且省份之间均值变化较大，存在着较大的政策弹性。这一方面是由于老年人参与政策较为特殊，需要对当地老年人的情况和意愿做调研；另一方面是受经济情况、发展战略和人文观念等因素影响。服务类老年人参与政策在我国存在以下问题：第一，服务类老年人参与政策总量上不足，地区供给差异明显；第二，服务类老年人参与政策利用不足，老年人对社区是否提供了服务、服务内容和获取方式等情况了解不够，这与目前社区老年人参与政策宣传度不足有着直接的关系。可见，服务类老年人参与政策需要重塑信息沟通的有效渠道。

五、老年人社会参与基层服务体系不完善

国家在社区居家服务体系和基层社区治理中规定了老年人社会参与的活动内容与频率，各城市纷纷建立起以社区居家养老服务为平台的促进老年人社会参与的社区基层服务体系，为老年人社会参与提供活动场地、活动资金、人员和组织、设备等方面的支持。老年人社会参与基层服务体系与社区居家养老服务体系既存在区别也存在联系。社区居家养老服务强调社区的"养老"功能，目的是为居家的老年人提供生活照料、医疗保健、

精神慰藉和文化娱乐等多项服务。社会参与强调"参与"功能，包括老年人参与社区文化娱乐活动、志愿服务活动、公共事务活动等内容，强调对精神生活的满足，不包含对个人日常生活和医疗等方面的照料。养老所包含的内容很多，老年人社会参与属于养老服务体系的范畴，其中老年人与社会发生联系的一部分是重合的。功能上的重合意味着老年人社会参与基层服务可以在社区居家养老服务体系的基础上进行建设和完善。在老年人娱乐活动方面，很多城市社区配备的社区老年活动中心，是供离退休后的老年人娱乐、健身、学习的场所，其经费纳入社区自筹或国家经费拨款，由社区工作人员负责设施的维护和日常管理。还有一些社区设置"老年星光之家"，除了提供老年人的活动休闲场地之外，还为老年人提供日常护理。在社区志愿类服务方面，有社区专门成立老年人组成的志愿服务队，负责社区矛盾的调解工作，在人员密集的社区公共场所进行慈善宣传等。在公共事务参与方面，专门为社区居委会和业主委员会设置一定的老年人数配额，确保社区事务处理的公平性。这些都是老年人社会参与基层服务的具体形式，但实际中存在一些问题。

首先，老年人社会参与基层服务体系形式化。表现如下：第一，社区老年人活动场所利用率不高，有些社区仅是挂上了"老年人社区娱乐中心"之类的牌子，以应付上级检查，平时活动中心门可罗雀，没有得到真正的使用；第二，社区为老年人举办的节日活动或相关主题活动，老年人参与程度不高，大多只是走个过场，只有个别老年人参与；第三，社区、社会信息沟通与链接功能缺失。调查发现，大部分老年人在慈善志愿方面的社会参与意愿较高，但是有实际参与行为的老年人较少，约77%的老年人表示过去一年从未参与过公益活动，仅有超过18%的老年人表示曾经为地震灾区捐献过财物或委托子女进行捐助，7%的老年人表示曾经参与过社区楼下的清扫树叶、积雪的活动；4.8%的老年人表示参与过市妇联发起的帮助困难女童完成学业的"春蕾"行动。而"无偿献血""迎瓷博会""宣传文明出行""照看野生动物"等社会层面的参与活动，老年人了解较少，参与者总共不到2%。一些活动难以进入社区层面的同时，另一些活动（如老年人健康讲座）却吸引了老年人的关注，但活动最后的目的是向老年人推销保健品。可见，社区在其中并没有起到鉴别和监督的作用。

社区基层服务形式化的原因有两个方面，一是社区方面提供的服务和活动不适合老年人的需求，设施过于简单，活动场地缺少对老年人的人性化设计，活动内容和信息传递方式过于单一，社区缺少与老年人的情感培养和沟通。二是老年人对不熟悉的社区服务具有距离感，存在参与社会活动、了解活动信息的惰性。大多数低龄的老年人是通过与朋友聊天获知文体活动信息的，而且通常结伴参与活动，90岁以上的老年人基本上无人关注附近文体活动的信息。

其次，投入社区老人参与项目的资金明显不足。老年人在社会参与过程中是倾向于不花费任何费用（见表6-4）。调查显示，约90%的老年人不愿为文体活动支付费用，有的老年人认为让老年人交钱有推销和骗钱的嫌疑。有的老年人认为参加单位组织的集体活动应该给予补贴。

当前，社区老年服务活动的费用主要来自政府的直接资金投入，还有一部分来自社区拥有的经济实体，也有社区通过与企业合作为举办社区活动筹集资金。但以上这些投入在大部分社区无法满足需要，且大部分支出用在社区居家养老服务上面，对社会参与性的支出处于"只能小打小闹，不能大操大办""心有余而力不足"的境地。例如，B社区重阳节举办的老年摄影图片展，虽然社区承担了租用场地和展架等费用，但是对于老年人冲洗照片的费用和拍外景照的路费却很为难，"老年人是不愿意出钱的，如果社区承担，势必对参与者人数有所控制"。这在一定程度上反映出社区为老年人提供的资金明显不足。

表6-4　不同年龄段老年人参与文体活动的主动性和积极程度

年龄区间	你是否会主动打听附近文体活动的内容、报名方式等信息		你愿意为参与文体活动支付费用吗	
	会	不会	愿意	不愿意
60~74岁(N=377)	18.7%	81.3%	10.1%	89.9%
75~89岁(N=92)	38.7%	61.3%	3.3%	96.7%
90岁以上(N=29)	5%	95%	0	100%

最后，社区管理专业化程度低。我国社区性质为基层政府的派出机构，实行"政府领导、民政主管、社会参与"的管理体制，这容易导致社区处于向上级负责的工作状态，缺少对老年人社会参与需求的关注和了解。同时，老年人参与活动内容涉及民政、劳动、卫生、教育、文化、体育等众多的部门，每个部门之间缺乏协同，经常出现活动内容雷同、重复的情况。或者遇到某个节日，各部门一窝蜂来社区举办活动等情况，形成资源的浪费。调查显示，城市老年人活动渠道较为单一，多以社区自发性活动为主（占66.3%），随后是社区举办的活动和原单位为退休职工举办的活动。

此外，对老年人的工作最讲究工作方法和技巧。目前，社区大多采用基层管理员工作小组的方式开展老年人工作。在社区人员配备中，工作人员大部分是年轻的社工和外招的志愿者，并没有经过专门的社区工作训练，也没有同老年人打交道的经验。由此导致社会活动创新意识不足，服务质量有待提高。

第二节　国家情境的行动逻辑

一、进入规则

国家情境的老年人社会参与是以国家各层级政府部门、社区自治组织和街道等政府派出机构主导的正式社会活动，以主办部门行政管辖范围或社区范围为单位，边界范围清晰简单，在社区中的老年人均有权参与，包括使用公共场地进行娱乐活动，使用配备的设施，参与表决、管理，对社区和政府部门的老年工作提出批评和监督。在管理组织方面，民政部门和社区拥有对公共设施的所有权和对工作人员的管理权，负责工作人员的管理和公共设施的维护、资金的分配、使用及短期活动或长期活动的组织与规划。

国家情境的老年人社会参与是其中年时期工作岗位的延伸。国家情境老年人社会参与需要付出大量的财力和人力进行维护与建设，精英老年人才的资源开发是国家情境的首要目的。所以，国家情境中对老年人社会参与的理解长期以来都是从"老有所为"的角度进行诠释。国家情境中对于老年人社会参与的"价值性"要求较高，与老年人的"利己"性动机相比，国家情境下的老年人社会参与要求老年人具有较强的"利他"性动机，具有较高的继续为社会做贡献的精神和觉悟，其以"岗位"或"职务"规则为集体行动原则，接受上级单位的领导，一定意义上是对其中年时期工作生活的延伸。因此，国家情境中的老年人社会参与对参与者的要求更高，国家出台的相关政策很大一部分是促进有技能、有知识的健康低龄老年人参与到社会志愿服务活动或是再就业活动中，因此这部分拥有专业知识技能、经验丰富、自我认知程度较高和社会责任感较高的老年人最容易在国家情境中进行社会参与。例如，老龄委引导老年知识分子援助西部医疗卫生、文化教育等事业建设的"银龄行动"是我国常态化的大规模老年人社会参与型活动，截至2013年，已号召500万名以上老专家、老科技工作者加入[1]。这推动了西部地区的经济发展和人民生活水平的提高。社区老年人社会参与的重要形式是"低龄老年人照护高龄老年人"，也是

---

[1] 新华社."银龄行动"开展十年 吸引500万老年志愿者参与[EB/OL].(2013-12-19)[2014-05-20]. http://www.gov.cn/jrzg/2013-12/19/content_2551041.htm.

以志愿服务的方式发挥老年人社会参与的社会价值。

国家情境老年人社会参与存在进入壁垒。我国老年人参与社区事务一般有社区居委会、业主委员会开会和投票的形式，但是有资格参与社区事务决议的老年人必须具有社区房产或具有本地户籍，一般租住户、异地养老老年人和外来流动老年人不具有参与社区公共事务的权利，这就形成了老年人社会参与的有形壁垒。社区事务倾向于选择固定的老年人群体，这些老年人对社区成员比较熟悉，信息易获得，同社区管理者之间存在较频繁的交流和合作与信任关系，这样其他的成员就容易被排除在社会参与之外。有研究显示，拥有房产的老年人社会参与的频率更高，意愿也更强烈。而无房产的老年人在社区中基本不参与公共事务的决议。此外，社区参与还存在无形壁垒，即老年个体之间的文化差异。在国家情境中，具有知识、技能的精英老年人和具有当地户籍的老年人更容易进入社会参与。

二、操作规则

在国家情境中，具有现实意义的集体行动都是以正式组织的形式出现的，而组织必须伴随着规则[1]。老年人参与社会活动会受到社会活动规则的限制。

第一，追求一致的规则。国家情境中有明确的老年人社会参与活动目标和组织体系，使老年人社会参与对参与目标能够保持一致性。因此，国家情境中的老年人社会参与往往采用正式的组织规则，具有较高的强制性。例如，"银龄行动"对参与者的确定及奖惩、职责和行为准则进行了明确的规定。

第二，松散的大组织活动形式中形成小团体。国家情境中的社会参与往往形成规模较大，甚至是跨社区、跨区域的社会活动。组织规模对

---

[1] 张康之.论集体行动中的规则及其作用[J].党政研究，2014(2):11.

组织的凝聚力具有重要作用。研究证明，小规模的组织往往具有较高的凝聚力。老年人的社会参与行为因为脱离了工作岗位的责任限制，组织活动的形式相对松散。在进入规则发挥作用后，这些规则能够确定社会参与的基本对象，这些对象在更高的层级中讨论社会活动的选择、决定，将国家级部门化的大型组织战略规划，缩小到地区性行动方案，最后形成小团体负责解决内部决策问题。在国家情境中，这种高层级的决议一般都会缩小到社区老年人活动团体和社区老年工作小组范围内。在城市中，国家情境的老年人社会参与的实施最终会落脚到社区，演变为老年人活动团体同社区管理者的联系与互动。同样以"银龄行动"为例，国家老龄委等部门提出了行动计划方略和总体目标，并不对具体内容和实施方法作详细规定，这些都交给地方老龄委和基层部门实施，以保证行动方案具有更高的灵活性和地区适应性。在具体补偿措施和工作重点方面，各城市社区具有不同的行为模式。各个社区再针对社区内老年人实际情况设计进入规则与活动具体内容，并与社区内老年人代表进行实际协商和互动。

第三节 案例分析：老年人正式活动的基层参与

小组活动是社区管理实务中经常出现的管理方法，由活动小组工作者及目标成员共同参与，通过团体活动形成成员之间心理认同和行动动力，以影响小组成员的认识、观念，从而获得行为意向的改变❶。有学者对老年工作小组作出如下定义：老年工作小组主要是针对社区内或机构中老年人的健康与社会适应等方面的问题，通过小组活动，促进小组成员之间的互动，增进小组成员的相互支持，改变不良的个人行为，恢复成员的社会

---

❶ 丁少华.小组工作[M].北京：社会科学文献出版社，2003：2-6.

功能，以及满足他们的特殊需求的过程❶。可见，工作小组能够使老年人减少社会隔离与独孤感，增进对小区的社会归属感，增加同社会其他成员之间的互动，从而建立起适应和应对负面突发情况的勇气。工作小组是了解老年人各方面情况的重要工作方法和手段。老年人可以通过小组活动对社区的服务者和社区资源进行了解和认识，其是激发老年人社会参与积极性的重要手段。小组工作法可以在社区和各类老年服务机构推行，不同活动类型和内容的工作小组的介入过程是不同的，小组工作将随着社会参与过程中老年人心理特征和需求的变化而变化。以下通过对T市文化园街道健康楼社区新春游园活动进行调研，分析社区中老年人与社区工作者互动中出现的问题，以及社区参与的实际效果。

一、小组活动的基本模式

老年人小组活动适用于哪种模式取决于老年人社会参与的需求和参与的内容，以及组织者开展活动的主要目的。其大致可分为以实现情感交流为目的的活动小组，以实现社会目标、解决社会问题为目的的活动小组，以增进老年人参与动力、寻找老年人兴趣爱好、增进对社区的认同感和认识的活动小组，以帮助和治疗受突发事件打击的老年人恢复社会生活、恢复人际交往为目的的活动小组。在具体的活动中，这些目标不是严格分门别类的，而是穿插和重叠在活动中。对于小组活动阶段并没有标准的划分，一般根据小组活动的过程将小组活动分为开始期、中期和后期等阶段❷。根据不同的发展阶段，社区工作者应该使用不同的工作方法，关注老年人的活动心态和需求的变化，完成小组活动。本书将小组活动的筹备阶段纳入小组活动全过程当中，分为活动准备期、活动初期、活动中期、活动完结期四个阶段。

---

❶ 黄耀明.老年社会工作理论与实践[M].长春:吉林大学出版社,2008:135.
❷ 刘梦.小组工作[M].北京:高等教育出版社,2003:163.

（1）活动准备期。在这一阶段，社区工作员首先是确定活动的目标和对象，一般最先考虑的成员是那些经常自愿参与社区活动、积极性和热心程度都较高的老年人。在这一时期，小组工作员非常重要，因此，要选取具有适应老年人需求和特点的沟通技巧并使老年人对小组成员有认同感和信任感的人。小组成员能够清晰、明白地向老年人表达他们提供的服务内容和需要遵守的规范，进而制订小组活动的时间、地点等具体方案，并在制订方案期间能够考虑到参与者的作息时间、出行距离和出行安全是否有保障。同时，小组准备期要与有关机构和服务场地达成明确的合作意向，及时解决问题。

（2）活动初期。小组工作者要发起与老年人之间小规模的沟通联系，增加彼此熟悉程度；鉴别每一位老人参与活动的动机、期望。需要对老年人社会活动内容和时间地点等具体信息进行有效传递，确保老年人能够获知这些信息。此外，活动一开始要将老年人带入活动氛围，工作者要有独特的技巧同老年人进行沟通，使老年人了解活动的目的和活动中必须遵守的准则。

（3）活动中期。在中期，工作员需要向老年人提供各种丰富的活动内容，引导老年人，处理老年人情绪上的波动和负面情绪，鼓励老年人畅所欲言，反映活动中的真实体验。

（4）活动完结期。按照事先确定的活动计划，在完成活动和达成目标之后，工作员要及时了解老年人对活动的感受和意见，同时小组工作员之间交流活动中遇到的难题和探讨解决办法。

二、尴尬的健康楼社区新春游园活动

"社区精心组织了一次活动，但是老年人参与的积极性不高，事前通知的人都没来全，很多老年人根本不参与答题，都是来领一下小奖品就走了。"❶健康楼社区一位工作人员反映，老年人对春节期间社区开展的活动

---

❶ 访谈对象编号GYJ201301。

并不感兴趣。健康楼社区位于路北区富康道，是T市社区建设试点社区。其建立了由工作人员、居民、企业共同担当志愿者的"幸福联盟"模式，社区党总支与驻境机关、企事业单位、个体工商户签订《参与社区志愿服务意向书》，共有400名居民注册成为社区志愿者，凤凰小学、建设路派出所、市燃气公司、市管处、区园林绿化处、第九医院、大唐凤凰园餐饮娱乐有限公司等10余家机关、单位、企业及300余名职员加入"幸福联盟"。对社区12位常住空巢老人全部由党员、志愿者通过"一助一""一对一"服务，以志愿者日常服务记录、团队评价、服务对象评价为主要考评依据，定期对社区志愿者工作绩效进行考评。在硬件建设方面，健康楼社区投资230万元，建设集医疗、预防、保健、康复、健康教育为一体的1300平方米的社区卫生服务中心。在健康楼居家养老服务站开设了棋牌室、图书阅览室、健身室、医疗保健室、室外体育运动、娱乐场所及服务设施，开展服务全面、形式多样的志愿活动。"幸福联盟"由街道、社区、共建单位企业200余名党员、干部担任"幸福员"，他们与广大居民一起参与到社区路面硬化改造、社区楼前花池养护、治安巡逻之中。

健康楼社区每年春节都会开展老年人庆新春系列活动，我们利用此次机会对其中一项主要由老年人参与的"评剧欣赏活动"进行了全程参与观察，发现社区小组在组织这类老年人活动中存在一些问题，老年人的社会参与还处于比较浅层的阶段。

社区提前一个月收到举办新年活动的通知。第一次讨论时间为1月26日，讨论成员包括负责人王××，工作员小方、小崔、小刘等。开会确定了活动的负责人，活动主题是以增添老年人乐趣为目的的评剧经典选段播放和猜谜活动。具体活动的方案由小刘执行，小王负责联系"一对一"志愿者对空巢老年人的直接上门沟通，联系小区体育室，负责场地及播放器的借用。第二次讨论时间为2月2日，参与者为负责人小张，工作员小方、小崔和小刘。此次会议比较简短，小张将领导对此次活动方案的意见进行了传达，拟定了活动通知，要求大家在两天内张贴完毕。第三次讨论为正式活动之前一天，确定活动当天服务人到场情况，对场地布置和设施进行确认，并确认小组工作员在活动当天上午8点到位，对设备进行调试，保证音质和画面清晰。活动情况见表6-5。

表6-5　2月10日活动情况

活动内容	老年人态度、工作人员介入方法及活动情境控制
9点半，老年人陆续到场。 工作人员作简短发言，自我介绍，介绍活动主题，介绍曲目信息和内容，介绍活动大致流程；给每位老年人发放香蕉、小面包和茶水。 工作人员询问老年人有没有什么问题，老年人催促活动尽快开始。	老年人到座并没有按照时间要求，有的老年人开始放映之后入座，也有的老年人提前离场，老年人入座之后觉得座位之间挨得太挤，将座椅提到一边。 工作人员的解说比较清晰，但老年人大多比较关注互相打招呼，对工作预案的解说并不在意。 有的老年人来得比较晚想要调座位，以便看得更清楚，工作人员帮老年人调座位；有的老年人在这段时间一直催促播放，显得不耐烦，工作人员并没有很好地对其进行安抚。
播放过程中有老年人讨论戏曲内容，并表示已经看过了。 有的老年人表示体育室回音比较大，听不清楚，让别人不要说话。 中间休息时，王奶奶清口表演了一段评剧《杨二舍化缘》，广受好评，现场气氛很热烈。	工作人员对老年人反映比较大的问题进行了处理；对于老人之间的争执没有干涉；整个播放过程几乎没有和老年人进行互动。
猜谜活动在下午进行，展台设在体育室右侧，谜语用夹子吊在线上，猜到谜底可兑换奖品。	很多老年人并不猜谜或随便乱猜之后领取奖品。
活动结束，这时老年人已所剩无几，工作人员上前关掉放音机，告知下午场的时间、地点，场地上留下较多垃圾。	活动结束时工作人员态度较为敷衍，没有引导老年人说出对于活动的体验和意见；没有动员老年人下午继续前来参与活动。

观察者问几位提前出去的老年人为什么要提前走,有的老年人表示"有点晚了,要回去吃午饭休息"❶;有的老年人说"环境不好,座椅不舒服,累得坐不下去了"❷;有的老年人说自己"早就看过了,是来凑凑热闹的"❸。"活动创新不够,年年老一套,趣味性差"❹,是老年人参与社区活动积极性不高的主要原因。

在活动筹备期,缺少社区老年人参与,导致活动中有一些老年人对工作人员选定的评剧曲目不感兴趣。活动的形式也比较单一,老年人只是听和看,没有调动思维和语言方面的互动。有些老年人甚至在门边听了一小段就走了,没有深入参与到活动中来。现场大家对刘奶奶的清口唱非常感兴趣,活动小组却没有进一步开发,只让刘奶奶唱完就下去了。这主要是由于事前商讨时没有老年人参与,不了解老年人对活动的喜好和关注点。此外,社区在准备阶段缺少场地设备的勘察与对老年人习惯的全面考量。活动场地是一个空间较大的室内体育场馆,配有两个羽毛球场、两个台球桌、两个乒乓球桌和一间监控室、一间卫生间、一间休息室。社区将台球桌和乒乓球桌暂时移走,留出空地来摆上凳子供老年人坐,利用大屏幕播放评剧。总共摆放了50个四角塑料板凳,分为5排,一排10人。四角塑料板凳比较硬,没有扶手,摆放又过密,很多老年人感觉坐着看戏非常不舒服,社区提供的茶水和瓜果也没有地方放。总之,环境布置忽视了老年人的需求。

活动中,社区工作员没有实现与老年人的互动,没有适时安抚部分老年人的急躁情绪,在老年人出现争执时也没有及时进行开导和调解,对随手扔果皮纸屑等不文明行为没有提前给予说明和制止,也影响了老年人对社区活动的印象。

---
❶ 访谈对象编号GGB201301。
❷ 访谈对象编号GGB201302。
❸ 访谈对象编号GGB201303。
❹ 访谈对象编号GGB201304。

三、社区活动小组工作的经验反思

通过前文的研究可知，老年人普遍对社区活动缺乏热情。有的老年人主观上对自身参与社区活动的能力和价值产生怀疑，认为自己年纪大了，没有文化，因此不再主动接触新的事物和变化，拒绝社区工作者的邀约；有的老年人对社区活动持怀疑、不信任或功利性的态度。然而，当活动开始步入正轨，在没有人邀请的情况下，老年人会通过旁人介绍、他人舆论、驻足观察后参与进来，说明老年人并非没有参与社区小组活动的愿望和热情，而是缺少对小组活动的认识，对社区年轻、陌生的工作员不信任，对社区活动的内容、目的不了解，由此产生观望小组活动的心理。可见，在小组活动的准备阶段，工作人员需要帮助老年人打消对活动的种种顾虑。因此，对社会活动的宣传最好采用面对面沟通的形式，这是老年人最容易接受的信息获取渠道，而案例中却采用张贴公告和海报的形式。老年人由于视力不佳或是识字不多，对多文字信息的关注度不强，公告承载的信息有限，老年人很难通过短短的几句话了解活动的内容、活动吸引人的地方、活动的规模和参加好处等，由此造成宣传效果不佳。面对面交谈或是打电话是理想的与老年人沟通的方式。但是，每个老年人都面对面告知显然不切实际，所以必须充分利用老年人活动群体和老年"关键人物"接触法，通过老年人的"圈内文化"对信息进行扩散和传递。例如，利用老年人聚会，告知老年人，或是告知社区里老年骨干和社区老年志愿者，或是向老年人的子女告知活动内容，请老年人的子女向老年人转告活动信息等。在联系人员的选择上也要注意选择沟通能力强或是在社区工作时间较久的年长有资历的工作人员，多关心老年人的生活状态和饮食起居、心理活动，表现出对老年人生活的充分关心和诚恳的期盼，让老年人感受到举办者邀请老年人参与活动的真心实意。

活动准备期还有一项重要的工作，即确定老年目标群体的同质性。老年人参与社区活动的意愿和态度受到年龄、文化背景、居住方式等因素的影响。当活动开始举办时，必然吸引不同个人特征的老年人的关注。例如，一些文化水平较高的老年人可能喜欢欣赏高雅音乐、表演书法和做一些智力游戏，而文化水平低的老年人可能理解不了画作背后的意涵，两者共同参与活动就很难有共同语言；身体状况好的老年人可能酷爱登山、骑行，而腿脚不便的老年人显然不能参与同类型的活动。所以，活动策划时就要考虑到社会参与的目的是什么，参与者的水平最好不要参差不齐、相差过大，以此保证老年参与者对活动的期望和参与兴趣保持在基本同等的水平。

在小组活动初期，工作者的角色可能是主持人、引导员和协调员，需要了解老年人的心理，打破活动的陌生感和紧张感，调动气氛，清楚明白地介绍活动的流程，并随时询问老年人意见。在活动刚开始时，有的老年人会有比较急躁的心理或是消极配合心理，面对这种情况，工作员需要理解老年人的心情，调整活动的顺序，减少程序化的公告和宣讲，从拉近老年人关系、关心老年人心情、询问老年人真实需求入手。例如，询问老年人："来之前有没有吃早饭？您看得清画面吗？需不需要调整座位？需要冷水还是热水？有什么问题您举一下手我就过来。"此外，工作员要敏感地觉察到事先准备的活动程序、内容、规则对老年人的适用性，并做好随时变动调整的准备。抓住活动开展的目的，关键在于增添老年人的生活乐趣，充实老年人的生活，加强老年人的沟通和联系，并非活动本身。因此，当活动中出现争执苗头，工作员应尽快予以安抚和协调。

在活动中期，最重要的是预防可能出现的冲突及冲突的解决。活动进入正规和高潮阶段，这时候需要留意老年人是否对活动产生了新的期望，老年人之间是否出现了不同的期望，这种不同是否会影响活动的进展。以案例来说，王奶奶表演的清口评戏调动了活动的气氛，很多老年人表示还想听一段，一部分老年人表示想跟王奶奶进一步探讨评戏，也有一部分老人没有表态。这时候就需要对情形进行判断和处理。案例中的工作人员没有适时调整活动内容，打断了老年人高涨的情绪，容易使老年人感到自己不受重视，这也是活动后期老年人匆匆离场的主要原因。

活动完结期，工作人员的工作并没有结束。一方面，需要积极留意活动内是否有配合度高、热心开朗、积极参与、得到老年人认可的人可以担任社区活动的关键人物，这样可以把带动活动气氛的任务交给他，遇到问题也可以向他询问和征求意见。另一方面，照顾老年人的离别情绪，为老年人留下后续活动的信息和愿望，对参与活动的老年人给予鼓励并赠送奖品，对活动进行简短的总结，询问老年人对活动的意见和看法，以便今后社会老年活动工作的改进和提升。

第七章 研究发现与政策建议

第一节 研究发现

本书以情境-行为匹配发展分析框架对T市社区老年人社会参与行为进行了案例分析，力图呈现中国集体文化和社区治理背景下的老年群体社会活动群像。我国老年人社会参与在参与活动领域、参与方式、组织形式、参与意愿及态度等方面具有显著的群体差异，产生差异的原因与老年人个体特征（年龄、性别、退休前工作单位性质、居住类型、社区类型、文化程度、经济情况等），家庭代际特征（家庭中老年人掌握的资源量、家庭中抚养与赡养代际关系平衡性），社会代际特征（老年前期人群对老年人社会参与的看法与观念），社区文化环境（社区文化网络和社会卷入程度），制度供给等因素密切相关。

一、四种类型的参与情境总述

老年人社会参与总体上划分为四种类型，即文化娱乐型参与、公益志愿型参与、公共事务型参与和再生产活动参与。不同情境下的社会参与类型具有不同的特点（见表7-1）。

文化娱乐型参与中，老年人参与的动机主要是娱乐和健身，这一类型对老年人参与的条件限制和要求最少，比较适合采用非组织化的活动小组、自组织活动及正式活动等形式。文化娱乐型参与受个体情境影响最为显著，因为老年人的身体健康程度、精神需求、兴趣爱好、居住方式等是老年人产生文化娱乐活动需求的重要动机。家庭情境也对老年人文化娱乐性需求具有影响，当家庭代际关系处于平衡状态时，能够为老年人参与文化娱乐提供重要支持。但是对于正式活动来说，花费的经费和人力、物力资源较多，且老年人对文化娱乐型参与需求最大，所以单单依靠社区或是为老服务部门组织老年文体活动规模有限，活动次数也无法满足需求。笔者认为，可以从以下方面着手促进老年人文化娱乐型活动。

表7-1 老年人社会参与的四种类型[1]

名称	文化娱乐型参与	公益、志愿型参与	公共事务型参与	再生产活动参与
参与程度	最高	较高	较低	较低
载体	社区	社区、居委会、政府、事业单位	社区、政府等公共部门、党组织	营利机构
组织紧密度	松散	适中	严密	适中
动机	兴趣爱好	公益精神、同情心	公共参与精神	经济收入
参与类型	体育健身文艺、学习教育	便民维修、治安维护、社区协助等	居民自治、社会监督、参与决策等	企事业单位、个体工商业
参与性质	个人和未组织化的活动小组、自组织活动、正式活动	个人和未组织化的活动小组、自组织活动、正式活动	自组织活动、正式活动	个人
家庭角色	供给者、依赖者、沉默者、疏离者	供给者、支持者	支持者、父权者、疏离者、供给者	供给者、疏离者、沉默者、依赖者
提升策略	培养氛围、转变观念、利用公共资源发展社区	鼓励、引导和控制、与社区居家服务结合"以老助老"	明确目标群体、公开信息、保障充分参与、拓宽参与渠道、保障机制与制度	技术培训、调节群体间利益、解决纠纷、规范老年产业发展
邀请和号召	老年人调查、老年群体访谈、关键人物接触	老年人专门渠道、新通信技术推广、关键人物接触	老年人专门渠道、关键人物接触、老年人调查及咨询会议、群体访谈	老年人专门渠道、行业规范、政策支持、劳动保护
情境作用强度	个体情境	国家情境、社会情境	国家情境	国家情境、家庭情境

[1] 根据前文内容作者自制。

第一,以不同个体特征老年人的参与需求为出发点,举办内容丰富、形式多样的文化娱乐活动。目前,社区老年人的活动定位在较低层次的文化娱乐活动,满足具有较高知识水平老年人参与需求的高雅艺术型活动、学习型活动较少。老年人的需求是多种多样的,国家有限的资源无法一一满足,所以需要以社区为单位,对小范围内老年人社会参与的特点和需求进行把握,提供适合本社区老年人的文化娱乐活动。第二,利用已有社会公共资源,提升现有社会公共娱乐场所的服务老年人功能,为老年人社会参与开拓新渠道。现有公共资源,如电影院、公共图书馆、体育馆、活动中心、美术馆、艺术馆等,可以为老年人开辟免费通道与助餐服务。同时,增加适合老年人的画展、电影播放、文化展览、健身等活动,为附近居民区老年人提供免费乘车等服务。这一方面减少了社区在满足老年人文化娱乐需求方面的开支,增加了公共服务的资源利用度,减少了公共资源的浪费;另一方面有助于引导老年人参与高水平的文化娱乐活动,提高老年人的文化素养。第三,加强社区自组织或半正式老年文化娱乐活动小组建设。社区老年人自组织活动小组是老年人最便捷和最易接受的文化娱乐活动方式,虽然组织结构较为松散,但规范和行为准则能够内化于老年参与者心中,通过群体默认的方式得到遵从。同时,积极帮助解决自组织活动中老年人群体同社区其他群体的利益冲突和遇到的困难,鼓励老年协会、老年兴趣活动小组与民间组织、企业、公共部门的合作,采取合作、参股、租赁等多种形式,发展社区老年人活动;引导社会资金重点扶持小区老年人文化娱乐活动场所的建设,出台财税优惠政策及相关指导型政策的自组织活动和半正式活动,鼓励民间组织和企业筹资投资老龄文化活动设施建设和管理。

公益、志愿型社会参与成为越来越多老年人,尤其是年轻老年人社会参与的选择。社区是城市社会生活的主要模式和社会组织形式,越来越多的群众认识到社区的作用并积极参与到社区管理中来,社区正在逐步走向成熟。社区志愿者活动成为老年人志愿活动的首要场景。调查显示，老年人对社区事务和活动具有较高的参与热情，尤其是受教育水平较高、生活条件和社会卷入度较高的老年人。随着社区居家养老服务体系的推行，社区居家养老服务成为我国政府大力倡导的养老方式。社区居家养老的推广给老年人志愿服务型社会参与带来了巨大的推动力，也面临许多实际问题。一是缺少能被老年人所接受的社会参与渠道与方式，二是老年人转变观念和社会支持问题。在实践中，社区老年人之间"结对子"的养老形式，使老年人之间互相倾诉心声、交流情感、提供照护等。因为"和年轻志愿者相比，这种方式更能'说得上话'，双方也更亲近。"如果志愿型的社会参与缺少老年人的信任与接纳，只能流于形式。为老服务的工作者只有获得老年人的信任和接纳，理解老年人的心理，了解老年人的生活环境，才能真正发挥助老的作用，将社会参与引入到社区居家养老服务中。因此，志愿公益型参与与社区居家养老"以老助老"的结合更能促进老年人参与的质量和观念转变。低龄健康老年人在社区居家养老发展中是具有潜力的参与主体，低龄健康老年人参与社区居家养老服务不但具有现实意义，还具有一定的道德引导意义，可以在社区中彰显老年人的社会价值与公益精神，获得群体的尊重与认同，创造一个社会参与的支持环境。同时，低龄健康老年人参与社区居家养老蕴含着一些社会新生元素，如社区发展、养老产业创新、社会保障、城市建设等都将在这种氛围中获得机会和力量。

公共事务型参与是一种较高层次的社会参与，对老年人有着较高的要求。调查发现，老年人参与社会公共事务的热情是最低的，增龄对老年人公共事务参与意愿有较大的影响。高龄老人对社会事务的关注程度最高，更倾向于信任、依赖群体生活；年轻老年人更倾向于承担社会责任，更倾向于自主、自立。而70岁左右的老年人参与公共事物的兴趣是最低的。这与其身体功能衰退、心理失落感增大、家庭代际关系不平衡加剧、社会的忽视等因素有关。因此,对70岁左右年龄段老年人社区事务参与要有所侧重。公共事务型参与受国家情境影响最大,需要进一步拓宽老年人社区参与的正式渠道和非正式渠道。老年人参与社会事务正式渠道有:参加社区居委会组织的活动或公共事务、参加社区成员代表大会和协商议事委员会事务或活动等。非正式渠道包括:以信访形式向政府、社区管理机构或新闻机构反映情况、举报问题、参加居民自发组织的社区小社团活动等。社区意识产生于社区居民公共交往活动中,而社区公共交往需要有可供居民交往的平台,因此,社区应大力建造这类平台,如建设各种公共健身娱乐设施、建设社区公共休闲室、搭建社区网上的居民论坛等。

此外,要拓宽老年人社区参与的渠道,如定期出宣传窗,将近期社区准备开展的活动和公共事务单独列出,方便老年人的关注;设立面向老年人的专员和热线,鼓励老年人通过电话、信件等形式向社区畅所欲言。

老年人的再就业是老年人社会参与的一部分。目前,我国出台了弹性延迟退休的初步方案,说明我国注重对老年人社会财富的开发。但是延迟退休需要搭配以更多的辅助和保障性政策,如相应的养老、医疗等社会保障政策,创造适合老年人的非全日制就业岗位,为老年人提供更多的培训机会,从而让他们掌握新的技能,以更好地适应新的工作。尽可能兼顾不同群体的利益诉求,既要充分利用一部分高技能、高素质人员的人力资本存量,同时也要保护受教育不够的普通劳动者。完善保障老年人再就业的政策法规,保障就业单位与老年劳动者签订正式的劳动合同。

二、研究结果

情境如何影响老年人社会参与行为?情境中的哪些因素决定老年人社会参与的质量高低?基于案例的分析,本书得出以下研究结果。

第一,个体特征不同,老年人社会参与率不同。个体因素最容易影响老年人社会参与的意愿。老年人社会参与的类型、程度、方式等与其年龄、文化程度、性别等因素密切相关。

从年龄层面看，增龄对老年人外出参加文体活动产生一定的影响，越高龄的老年人外出参加文体活动的比例越低。但是在活动信息的关注方面，75～84岁的中龄老年人最具有收集活动信息的主动性。增龄对老年人公共事务参与意愿也有较大的影响。总体来看，年轻老年人社会公共事务参与程度要高于年龄更大的老年人，但是各年龄段老年人均具有不同的参与社会公共事务必备的社会知识和社会能力。长寿老年人有着最高的社会认同感，对社会事务的关注度最高，但是受条件所限，并没有实际的参与行动；年轻老年人社会归属感较低，但是具有极强的社会责任感，对社会公共事务活动具有较强的行动力；中龄老年人在公共事务参与必备的社会知识和社会能力方面最为薄弱。老年人参与公益活动的意愿也受到年龄影响，60～74岁的年轻老年人参与社会公益活动的可能性比较高；75岁以上的老年人参与社会公益活动的比例仅相当于年轻老年人组的30%；中龄老年人和长寿老年人不愿意参与社会公益活动的可能性比较高，他们不愿意参与的可能性是年轻老年人的2.6倍以上。

从性别差异看，女性老年人参与社会文化娱乐活动的比例要高于男性老年人，男性老年人对社会公共事务的参与程度要高于女性老年人。这说明在参与决策咨询、文化科技知识传授、社区选举投票等方面，男性老年人参与率高于女性老年人，而在文化娱乐活动、体育健身活动、社区照护和情感交流活动中，女性老年人的参与率要高于男性老年人。

从职业背景、受教育水平上看，总体上受教育水平高、具有在政府及事业单位工作背景的老年人对社会公共事务的参与率高。从退休前的职业上看，商业服务人员（包含家政服务人员、销售员、餐饮服务员等），工人（厂矿工人、建筑工人），党政机关及企事业单位工作人员的社会卷入度均比个体经营者高。文体活动参与方面，随着文化水平的提高，老年人对文体活动的参与逐渐呈现降低趋势。退休前在政府和事业单位工作的老年人，以及务农的老年人更喜欢参加人际交往活动，退休前职业为外企员工的老年人志愿服务参与率最低。

除此之外，老年人社会参与还表现为健康状况、朋友数量、经济条件上的差异性。例如，认为自己身体健康的老年人社会参与率高；而自认为身体状况欠佳的老年人文体活动的参与率较高。认为经济条件为"够用"的老年人参与社会文体活动比经济拮据和经济富足的老年人都活跃，对社会参与抱有乐观态度的老年人比认为社会参与非常"困难"的老年人的活动积极性高，有两个及以上亲密朋友的老年人更易参与文体活动。

可见，不同老年群体之间在社会参与的领域、参与程度之间存在较大差别，凡是年纪较轻、退休前担任一定职务、在公共部门工作过、受教育程度较高的老年人社会参与的程度较深。具有一定专长的老教师、老知识分子、老领导等，往往通过各种途径，在影响和带动周围人加入社会参与活动方面能够发挥作用。而普通的老年人则由于缺少专长和资源，除了参与自组织的文体活动和消遣娱乐活动外，往往不被社区和老年组织所重视，加之他们没有形成社会参与价值观，社会参与渠道狭窄，缺少参与机会，他们的社会参与总体上质量不高，参与率也较低。

第二，自组织和半自组织活动参与质量有高有低，其中的关键因素是活动组织的同质性。组织状况不同，老年人社会参与状态不同。同质性越大的老年人活动团体，集体的合作水平越高，活动程度越高，老年人心理感受越好。较高的同质性往往来自老年人的熟人社会、同事关系、朋友关系、地缘关系、专业背景、对共同兴趣的热爱等。调查发现，任何一项老年人社会参与活动的参与率、参与程度、参与体验都与活动的组织状况有关。凡是老年组织健全、组织能力强的区域或单位，老年人参与正式的、公共事务型和志愿服务型活动就越广泛、持久、活跃。而在组织较少、组织力量薄弱、活动开展较少的地方，老年人参与自组织的文体活动较多，公共事务型参与就难以实现。这主要是由于公共事务型参与和志愿服务型参与对活动目标的要求较为明确，具有明显的"利他"属性，且对活动的结果和质量有较高的要求，所以需要有正式组织和机构保障实施。从老年人个体参与体验来看，有组织的正式活动参与体验并不一定会高于老年人的非正式自组织活动。主要表现如下：一方面，老年人社会参与的形式比较单一性，集中体现在诸如参加兴趣小组、社区活动、老年大学等方面。不可否认，这些活动在一定程度上满足了老年人社会参与的愿望，是老年发展权的直接体现。但是，这些参与形式与新修订的《老年人权益保障法》中所提倡的老年人社会参与相比，并非处在一个水平上，究其原因，可能与老年人社会参与外在动力的缺失和老年人社会参与模式的固化有关。前者导致老年人在选择社会参与形式方面往往有着"随大流"的心态，而通常没有从自身实际出发、探寻适合自身的社会参与形式，这种被动的参与形式也就难免抹上了简单、低水平的色彩；后者则揭示了老年人卷入到社会参与过程中的被动性。这两方面原因导致了老年人的社会参与在形式方面具有突出的单一性特征。另一方面，老年人的正式参与往往集中在精英老年人群，参与的广泛性和容纳性不足，需要进一步扩宽活动内容，变换参与形式，让不同特长和个人背景的老年人都能参与到活动中来。

第三，老年人社会参与"利己"性明显，具体表现为参与文体活动较多，参与公共事务性、公益性活动较少。老年人公共事务性参与指老年人参与咨询决策、投票选举、听证监督等活动。调查显示，老年人公共事务性参与意愿相对较强，较多的老年人关心社区发展事业，关注社区服务和管理的发展变化，希望享有更多的知情权。尤其是年轻老年人，对社区的认同感较高，认为老年人在社区管理与建设方面能够发挥作用。但是当问到是否了解社区管理部门联系方式、工作人员变动和职能情况时，大多数老年人表示并不了解，说明老年人公共事务的参与渠道并不畅通，老年人社会公共事务的参与率总体上不高，大多数（64.2%）的老年人过去没有参加过社会公共事务，或是自己并没有意识到参与过公共事务活动，参与的大多是社区内建言献策和选举活动。同时，老年社会参与活动趋利性明显，有物质奖励或对自身有好处的活动，老年人才会积极参加，如果是单纯的公益型、奉献型的社会活动，参与率就低。总体来看，老年人参与社会公益活动较少。大多数受访者表示，他们参与某项公益活动主要通过两种方式，一是单位或社区组织，如捐款和助学活动；二是偶然性的参与，如街头分发宣传小册子等。参与公益活动的持续性不强，大多数老年人参与活动具有随机性和单次性，主动关注并持续一段时间的老年人非常少，近一年内参与过两次及以上公益活动的老年人不到参与人数的10%。

第四，老年人社会活动由单位亲密型向社区亲密型的转变，形成以年龄、工作单位为特征的老年人社会参与群体分化。年轻老年人更加适应社区管理的模式，主动关注社区活动和管理。调研结果显示，城市老年人的社会参与状况更多地与原单位组织状况相关联。老年人更多地依赖原所在单位参与各类社会活动，与原单位的联系和沟通比较紧密，对原单位活动组织者和机构具有较高认可度。而退休前在小企业、外企或是个体经营的老年人，社会参与率较低，参与的领域和渠道都较为狭窄。但是，随着社区管理体制的变化和新建小区管理模式的改变，老年社团组织、社区基层组织等在老年人社会参与中发挥的作用正在提升。尤其是年轻老年人群体，对社区活动信息的关注度较高，与社区工作人员较为熟悉，与社区联系较为紧密，参与社区活动的积极性与其他年龄段相比有所提升。但总体来看，社区在老年人社会参与方面的功能发挥还不够完善，组织活动的专业性、资金支持、工作方法等方面还存在一些问题。

第五，老年人社会参与受到其他社会群体的主观态度影响较大。当情境中的他人对老年人社会参与持有支持、宽容的态度时，能够增加老年人社会参与的情感体验和自我认知，促使老年人积极解决困难，参与社会；

当情境中的他人对老年人持有消极、满不在乎甚至反对的态度时,老年人的参与动机将大大降低,同时对自己产生怀疑,从而退出社会活动。

最后,综合前文分析,老年人社会参与障碍在个体层面、代际层面、社会层面和制度保障四个层面均有体现。

第一,个体层面,老年人社会参与面临可持续性问题。老年人社会参与在结构上具有不稳定性的特征,这一方面是受老年人自身健康状况、配偶健康状况的影响,另一方面则与老年人社会参与过程中所体现出的制度保障缺失有关。有的老年人退休以后办过培训班,但后来感觉身体实在吃不消,就没有继续办下去。这种社会参与模式的可持续性问题,在一定程度上也就是老年人社会参与特征的真实写照。

老年人社会参与的障碍有一部分来自老年人自身。从生理上看,视力和听力的下降是困扰老年人社会参与的重要原因,运动能力的下降和身体状况导致老年人出行和参与户外活动的能力受到限制;从心理上看,老年人面对社会参与具有惰性心理,同时囿于外界对待老年人社会参与的负面意识,导致老年人主动参与社会活动缺少内在动力。生理增龄和心理受外界态度的左右,导致老年人社会认同和归属感不高,公共参与管理意识和关注度也偏低,尤其在高龄老人身上体现得更为突出。

第二,代际层面,家庭代际关系在老年人社会参与中扮演重要角色,也是老年人社会参与的重要支撑和情感来源。有研究表明,老年人可以利用的最直接、最便利、最可靠的资源就是家庭资源[1]。老年人社会参与需要同时具备自身动力和外在支持两方面条件。研究表明,家庭代际关系平衡是激发老年人社会参与积极性和主动性、提高老年人社会参与质量的重要因素,可以为老年人社会参与提供必要的精神支持和人际关系网络。家庭代际关系平衡由"子女对父母的义务"(孝心)、"父母对子女的责任"(恩情)、"父母掌握的资源"三个维度衡量,当其中一个维度失衡的时候,

---

[1] 王树新.北京市人口老龄化与积极老龄化[J].人口与经济,2003(4):1.

老年人就会产生消极对待社会参与的行为选择。

我国老年人的家庭代际关系正发生复杂的变化，面临越来越小的家庭结构，人口流动性加强，空巢老人和独居老人日益增多，老年人与子女的交流和沟通逐渐减少，老年人家庭代际关系失衡的风险越来越大。有研究显示，老年人已远离了家庭中心，与年轻人的融洽程度，与子女的交往、交流越来越少，缺乏精神慰藉、生活无人照料、经济困难是空巢老人的三大困扰❶，而独居老人对精神慰藉等服务的需求尤其明显❷。越来越多的老年人需要社会支持和精神慰藉，获得自我认知与保持代际平衡。

第三，社会层面，从社会公众的角度看，当社会代际关系处于紧张状态时，老年人社会参与可能会受到来自其他代际群体的压力，更容易导致排斥参与。通过对老年前期人群进行老年人社会参与内隐态度的IAT测试，可以发现，虽然我国自古以来便有老年人参与国家治理的传统，但是目前我国40~60岁的人总体上对老年人社会参与持保守态度，社会中存在对老年阶段的回避和排斥的文化偏见。例如，在对"老年人社会参与"的作用和地位的认知上，老年前期人群更加消极、缺乏信心。"老年人能够做到的始终比不上年轻人"的观念受到大部分人赞同。也有很多人认为老年人参与社会活动对社会发展没有实质上的帮助，老年人社会参与更像是一种娱乐自身，并不产生社会效益的行为，当这种行为占用公共资源时，就会引起其他群体的不满，从而对老年人社会参与产生消极认知。

在社会组织和社区服务方面，政府为老服务部门、社区服务组织、老年活动团体和社会团体等社会组织和社区，在老年人社会参与机制构建中发挥着重要的作用。目前，我国老年人社会参与多为自组织和半自组织形

---

❶ 黄润龙.我国空巢老人家庭状态[J].人口与经济,2005(2):7.
❷ 王德文,谢良地.社区老年人口养老照护现状与发展对策[M].厦门:厦门大学出版社,2013:205.

式的文体活动参与、以社区为基础的公共事务参与,以社区、第三部门为载体的公益志愿型参与。社区面临着筹备活动资金不足,社区服务人员工作经验和方法欠缺,社区信息沟通不及时,社区与老年人间感情较为淡薄,活动环境不符合老年人特征等问题,导致老年人参与社会活动的体验不佳,降低老年人社会参与的积极性。

第四,制度保障层面,首先体现在管理方面。实际工作中,虽然文化部门、民政部门、老龄委和街道、民间组织都不同程度地参与了老年社区文化活动建设,但是由于没有统一的社区文化建设组织协调机构,导致各个部门不能互相配合形成合力,文化活动存在内容主题重复、形式单调、资源利用不足等问题,不利于社区老年文化活动的发展。

其次,从财政支持来看,老年人的社区文化活动投资渠道单一,参与主体不足。目前的社区活动多为市民自发组织的非正式文化娱乐活动和列入地方争取社区建设计划的文化活动,主要由国家出资。在调查中,老年人普遍反映开展的社区文化活动存在"活动门槛高""活动内容形式化""活动硬性要求过多过死"等问题。同时,其他经济主体参与老年人文化活动的积极性不高,导致社区老年文化活动资金不足,无力配置活动设施和服务人员,制约了老年人社区文化活动的开展。

再次,从资源配置上看,老年人文化活动资源并没有得到优化配置,处于社区割裂、单位割裂的状态。一些老式社区老年人集中聚居,老年人的文化需求较多,但是社区文化活动场所和设备的配置并没有体现需求导向。而一些新建小区,老年人居住较少,且大多为高龄老年人,却建设有大量老年人体育运动场馆,导致活动设备闲置。调查中发现,很多社会性质的老年协会或是老年公益组织、民间团体没有独立的办公场所、固定的在职人员和办公时间。同时,普遍缺乏经费,缺少与政府部门的合作。在建制上,一部分老年协会归属于民间自治组织,单独在民政部门登记造册,有的隶属于地方老龄委,有的属于挂靠某公会或慈善协会的二级协会，民间团体没有完善的发展制度保障，很难成为老年人社会参与的有效途径。

最后，老年人社会参与的引导缺失。尽管大多数老年人表示"听说过"《老年人权益保障法》等相关规章制度，但在现实生活中，尤其是老年人社会参与的过程中，相关规章制度的重要性依然未能得到充分体现，老年人在社会参与的过程中极少认识到它们的存在，从而使相关规章制度在实质上处于和老年人社会参与相剥离的状态。老年人社会参与制度供给作为社会参与整体的其中一项秩序系统，反映和维系着老年人社会参与所需的物质层面和精神层面，并且调节着老年人参与活动的有序运行。当前，我国城市老年人口社会参与出现了"短板"，即老年人信息获取和参与兴趣较低。这反映了我国老年人社会参与制度保障不健全。同时，社区老人建议制度、老人代表制度等没有形成，老年人社会参与政策在基层得不到迅速的反应，有较长时间的政策时滞，阻碍了社区老年文化活动项目的开发。❶此外，我国老年人社会参与法律过于原则性，可操作性不强，以就业和职业方面的法规来说，关于老年人在社会活动中的职业、劳动强度和劳动保护等方面内容均不明确❷。

第二节 对研究发现的解读

在老年人个体具有强烈的社会参与意愿和能力，家庭代际关系处于完美平衡状态，社区人际关系网络完善并具有积极的群体态度，国家鼓励政策落实到位的理想情境中，老年人社会参与都是最容易实现的。但是，现实生活中或多或少存在与老年人社会参与需求不匹配的情况，不匹配的程度越高，老年人社会参与就越困难。有学者认为，老年人社会参与问题的

---

❶ 高美红.新时期我国老年人社会福利政策制定的依据研究[J].新疆社科论坛,2008(2):75.
❷ 徐新,张钟汝.城市老龄社会政策的演进及挑战[M].南宁:广西师范大学出版社,2012:125.

解决方法是多样的，包括提升老年人对社会参与重要性的认识，优化老年人社会参与环境等多方面的内容❶。研究表明，对我国大多数老年人而言，其人生经历、社会阅历使他们对政府、政策有着较强的认同感，具有官方色彩的老年活动比较容易受到老年群体的欢迎，老年群体在这类活动中的参与积极性也相对较高❷；同时，老年人社会参与条件的优化与环境的建设，都离不开老龄政策的支持与帮助。所以，不论是主观层面上老年人社会参与意识的增强，还是客观层面上老年人社会参与环境的构建，都无法脱离老龄政策这一宏观框架而单独存在。老年人社会参与的框架需要从老年人个体特征、代际关系，社会环境和制度等多方面进行考量。

一、老年人社会参与形成过程

老年人社会参与由老年人个体和环境共同作用形成。在个体方面，老年人的社区意识主要表现为社会卷入度。心理赋权则指借由老年人在平时与他人、组织或社区的接触中习得、认知到的社会观念，这种社会观念决定自己能够在怎样的范围和程度内获得掌控自己本身和其他相关事务的力量❸。本书将其细化为老年人对待社会参与的态度，即老年人对老年人社会参与作用的认知、情感和行为意向。当社区意识和心理赋权被外界环境所刺激，刺激的来源可能是具体的某个事件，如家庭环境中子女的离开或家庭成员的变化，工作环境中脱离工作岗位、朋友参与了某项活动，社区决定举办一场晚会，政府决定新盖一处中心广场等；也可能是长时间酝酿的某种情绪，如老年人长期对兴趣爱好的追求，对未来生活方式的憧憬和规划。这些可能引发老年人参与活动的冲动，在个人身体条件等客观因素

---

❶ 杨风雷,陈甸.社会参与、老年健康与老年人力资源开发[J].劳动保障世界,2011(12):34-37.

❷ 赵春鸾.北京市第二次全国残疾人抽样调查课题研究论文集[C].北京:华夏出版社,2008:67-129.

❸ RIGERS TEPHANIE. What's wrong with empowerment [J]. American Journal of Community Psychology,1994,27(3):279-292.

允许下，老年人就能够付诸现实的参与行动。参与程度可能由浅到深，也可能长时间停留在浅层参与层面，还有可能突然终止和退出。这是由于老年人社会活动受个人因素的影响较大，环境的影响会逐渐淡化，老年人可能受到另外的刺激而转变参与的意愿。这一方面可以通过老年人自行组织的方式解决，另一方面需要不断加强对老年人参与初始动机与参与情境变化的分析。

案例中经常出现一种矛盾的现象，即老年人一方面抱怨相关单位、社区和老年工作者为老年人举办的活动太少，参与的限制太多；另一方面对社区的老年活动又兴趣不高，小群体的自发活动反而如火如荼。其根本原因在于社区的活动内容与老年人社会参与的内在动机不相匹配，社区长期与老年人生活环境脱节。因此，要保证老年人社会参与的效果能够落到实处，需要在活动涉及初始阶段就对参与的目标群体、参与的质量进行明确的规定。

当前，老年人社会参与的主要形式具有突出的模糊性特征，如打太极拳、唱歌等，最终目的一般为"强身健体""打发时间"等。而新修订的《老年人权益保障法》中，老年义工、老年支教等社会参与形式，其实现的可能性受到经费支持、硬件设施建设等多方面要素的影响，因此，具有不确定性。为此，需要将老年人社会参与的目标具体化、制度化、去理想化、去笼统化，适当地增加老年人社会参与奖励相关的内容，通过将奖励机制政策化，有效地提高老年群体在社会活动中的参与积极性。

二、老年人社会参与的适宜度判断

参与适宜度确定的标准来自1979年Field关于决策模型的论述❶，"决策效能和组织效能"是解释"在什么时候采用不同程度的公民参与最为适

---

❶ FIELD F E.A critique of the Vroom-Yetton contingency model of leadership behavior [J]. Academy of Management Review,1979,4:249-257.

宜"的关键因素。弗鲁姆等人在此理论基础上提出追求公民参与与追求效能两者之间的紧张关系可以得到化解，尽管他们暗示了该理论对相关团体和社会公众也具有适用性，但是老年人社会参与问题在某些方面更为复杂。

老年人社会参与的适宜度并不能简单用老年人身体健康状况和闲暇时间多少来判断。老年人社会参与是个人生理、心理因素、家庭因素和社会环境因素共同作用的结果。首先，老年人社会参与的适宜度主要取决于社会活动的质量要求和老年人接纳度之间的相互约束。一项社会活动有较高的质量要求，需要维持活动的专业化标准、活动强度和时间空间上的限制，需要参与者个人承担法律责任及严格遵守命令。同时，还有一部分社会活动重视老年人对活动的可接受性或主动关注程度，只有活动受到老年人的重视和参与时，才可能继续进行下去，如关系老年人切身利益的社区居家养老服务、老年大学活动等。

如图7-1所示，老年人接纳度较高的社会活动表现为老年人对其信息的关注度高，参与愿望强烈，老年人的意见对其运行和评估影响比较大。这种情况下社会参与分为两种情况：一种是对质量要求较高的社会活动，倾向于政府作为组织者，采取与老年人协商的方式开展的活动。如前文所说，大部分老年人参与社会活动的偏好是娱乐型活动，倾向于参与规则不严、要求不高、时间灵活的社会娱乐活动或自组织活动。当公共管理者组织老年人活动时，如果对活动的时间、标准、完成质量和持续时间等有较为明确的要求，那么需要采用协商式的活动组织方式，将参与活动需要承担的责任和遵守的约定与老年人沟通，全面了解可能遇到的困难，及时沟通和处理；一种是质量要求不高的社会活动，可以授权社区组织老年人参与，或完全交给老年人自发形成活动小组。

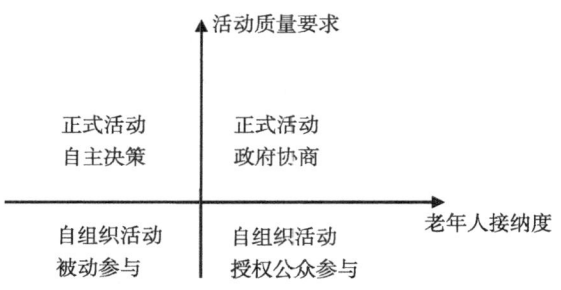

图7-1 老年人社会参与适宜度判断标准

三、老年人目标群体的判断准则

中国农村和城市的老年人参与社会的状况有明显的差别。大多数农村的老年人参与社会的主要形式是帮助家庭从事力所能及的农副业生产，其他形式的参与则为数甚少❶。城市老年人参与社会则存在不同的情况，主要参与类型有七大类：①文体活动（包括健身、舞蹈、书法绘画、音乐戏曲等活动）；②出行旅游（包括随团旅游、单位组织、家庭出游等）；③人际交往（包括走亲访友、同学聚会、生日聚会、票友聚会等）；④学习（老年大学、培训班等）；⑤社区公共事务（社区委员会选举、建言、社区治理等）；⑥志愿服务（包括公益志愿、卫生绿化、邻里互助等）；⑦其他工作（包括参与决策和咨询、专业技术服务、学习培训和继续参加生产活动）。尽管老年人的社会参与源于老年人对娱乐的追求，各式各样的社会活动也较多以娱乐活动为目的，但研究表明，老年人的社会参与目的不仅仅是娱乐，他们的社会参与意愿同年轻人一样，是丰富多样的，甚至更加追求心理满足和实现自我价值。同时，老年人也面临着自身、家庭环境、社会环境的因素制约，有些社会活动参与是被动的，评价不高。这里将探讨如何使目标老年人对社会参与产出较好的评价。

---

❶ 祁秦,康耀文,黄志伟.农村留守妇女生存质量的现况调查[J].中国公共卫生管理,2013(4)：543-546.

目标群体包括所有有组织和无组织的老年人群体和个体，他们要么能够通过参与活动影响自身生活质量和满意度；要么能够通过社会参与促进或影响老年人社会工作和社会氛围；要么能够提供和关注对老年人社会需求有关的信息。通过对这三个标准的考量，政府能够识别出老年人中，甚至社会公众中对老年人社会参与有潜在兴趣和影响的那批人。中龄老年人只有在认为某项活动能够满足自身的需求或认为自己能够对活动产生影响时，才会主动参与到社会活动当中。目标群体的判断因素包括三个方面，即老年人自身条件、家庭支持状况、社会环境。首先，自身条件影响最大的是文化程度、身体健康状况和职业技能特点。年轻老年人参与社会活动的类型最为多样，对社区的依懒不强，是参与自发组织型活动的主要人群。年轻老年人倾向于承担更多的社会责任，自主、自立。随着年龄的增大，老年人的身体日渐衰弱，最为显著的是对老年人外出的影响。越高龄的老年人外出参加文体活动的比例越低，主动性也越差。高龄老年人表示在生活中受到的社会尊敬和帮助更多，倾向于信任、依赖群体生活，但是行动能力受限，因此成为社会问题的"关注者"而非实践者。政治面貌和工作岗位性质也对他们参与社会活动意愿产生影响，退休前在政府公共部门和事业单位工作的老年人更愿意参与社会公共事务，退休前为个体工商业者的老年人则更愿意享受社区娱乐活动和公益事业。

代际交换的平衡与失衡是老年人社会参与的重要影响因素。老年人在家庭生活中对代际交换平衡的追求，决定了老年人在家庭中扮演何种角色。社会参与实质上是一种社会代际间的平衡，能够弥补家庭中缺失的平衡感，实现老年人角色的良性转化。家人的支持是老年人参与兴趣爱好活动，为社会参与注入财力和精力的重要条件。这也为公共管理者提供老年人社会参与内容建立了标准，即给予处在代际交换失衡状态中的老年人更多的关爱和感情交流机会。

老年人社会参与需求来自自身动力和外在支持两个方面。自身动力取决于老年人在家庭代际关系中的角色和个体条件。外在支持则指社会环境，主要是社会生活服务是否发达，参与条件是否完备，社会对老年人力和智力要求的高低，以及社区住户、社会群体对老年人参与的态度。社会生活服务发达，参与条件完备，社会需求高，老年人参与社会的概率就高；反之，则低。大多数老年人表示他们参与到某项公益活动中主要通过两种方式，一是单位或社区组织，如捐款和助学活动；二是偶然性的参与，如街头分发宣传小册子等。因此，社区中对待老年人社会活动的态度和社区氛围是至关重要的。

四、相关参与群体的目标一致性

有了目前群体和判断因素，就能够预先勾勒出老年人社会参与意愿的大致轮廓。除了界定社会参与目标群体之外，公共管理者必须能判断在社会生活中谁在代表老年人的利益及社会中其他的行动者在老年人社会参与中所发挥的作用，否则在老年人社会参与组织中就会处于盲目状态。

管理者在组织老年人社会活动时，需要回答这样两个问题：①相关的老年人能够分享到社会活动的相关信息吗？这个问题关系到组织老年人参与活动的可实现性，从参与政策的初始就应该被提及。社会参与需要建立老年人对活动的接受和信任，因此，活动的组织者需要同老年人或其他目标群体分享活动权利和目的，保障老年人对参与效果的预期同政府的出发点最大限度地一致。②在社会参与进行中，群体内部会产生冲突吗？群体目标从宏观上讲是为了提高老年人的生活质量，保障老年人的合法权益，但是在实际社会活动中，参与群体在各自的目标上有所分歧。例如，在社区居家养老政策的制定上，涉及城市老年人群体、社区、企业和服务部门等，老年人群体中还区分为流动人口老年人群体、空巢老年人群体和低收入老年人群体等不同子利益群，有限的社区养老服务如何在这些利益群中划分，是一个需要各方面协调解决的问题。最好的解决办法是组织召开沟通协调会，邀请目标群体中不同利益群体的人参与，尤其扩大不同老年人利益群体所占的比例。

第三节　情境-行为框架下提升老年人社会参与的对策建议

一、老年人社会参与的个体情境优化

完善老年人社会参与保障。首先，健康是老年人实现社会参与的基本保障。世界卫生组织指出："当慢性病和机能下降的风险因素（包括环境和行为）降低而保障因素提高时，人们将享受时间更长、质量更高的生活。他们进入老年后仍然保持健康和生活自理，较少的老年人需要昂贵的医疗和照料服务。"❶健康不仅仅是没有疾病，而是一种在身体上、精神上和社会适应能力方面的完好状态。国家、社区在老年人健康方面的责任重大，要在老年人及老年前期人群中宣传健康生活方式，使老年人及其家人关注老年人的生理、心理健康状况，为老年人提供健康生活的家庭氛围，养成良好的生活方式和日常保健习惯；开展老年人健康教育，提供老年人心理健康咨询专门机构，对面临人生重大事件（亲人离世、退休等）的老年人、长期卧病在床的老年人和脱离社会生活的老年人提供心理调节，帮助他们走出心理低谷，重新树立自我认同与社会认同。

提高老年人的学习能力，为老年人提供完善的老龄教育网络。老年人自身学习新知识，掌握新技能的能力较弱是阻碍老年人社会参与的重要原因。发展不同层次的老年教育网络，鼓励原单位和企事业单位、培训机构开展针对老年人有兴趣的娱乐和专项教育，是解决这一问题的有效途径。可以充分利用现有的公共资源，如大学暑期班、公共图书馆、博物馆、艺

---

❶ WORLD HEALTH ORGANIZATION.Active ageing: a policy framework[R].Madrid, Spain: World Health Organization Noncommunicable Diseases and Mental Health Cluster, 2002.

术馆等场所向老年人开放，并提供老年人专项讲解和服务，提高老年人的社会参与能力。

老年人自身的需求和行为方式对于其晚年生活质量起到至关重要的作用。老年人自身的健康状况、性格脾气和兴趣爱好是老年人社会参与的内在动力；老年人偏好的沟通方式和对社区的观念决定了老年人社会参与的行动逻辑。因此，首先要有意识地加强保健理念和身体素质，养成健康的生活习惯和兴趣爱好，保持乐观的心态与积极的态度；其次在观念上，老年人自身必须脱离社会上主流观念对老年人观念的绑架，需认识到自身的价值，通过了解社会、融入社区和辅助家庭提高自我认知，增强自我认同。

二、老年人社会参与的家庭情境优化

家庭情境是老年人社会参与最直接、最可靠的来源。不论家庭结构和功能如何变化，家庭代际关系的平衡是老年人家庭情境需要遵守的原则。因此，在当代家庭结构变化背景下，需要积极调整家庭代际平衡的相关因素，优化老年人家庭环境。

首先，子女对父母的义务要体现为营造宽松、包容、更适合老年人表达内心想法和困惑的家庭环境，积极与父母进行沟通，尊重父母的意见，相信父母的判断能力等。家庭环境的形成是一个长期的、无形的过程，父辈甚至祖辈的家庭理念和教养子女的方式，会对其他家庭成员产生潜移默化的影响，很多亲子之间相处的方式都是从幼年时期的家庭生活中习得的。因此，家庭代际关系的优化需要几代家庭成员的共同努力。家庭成员间的交流更需在隔代教育上，统一教育理念，同时掌握与父母沟通的技巧，通过父辈间的夫妻关系间接表达意见。

其次，了解老年人的需求。吃饱穿暖、身体健康是老年人的基本需求。除此之外，老年人还有自己的精神需求，如乡情、战友情、故友情，年轻时的兴趣爱好，未达成的心愿等。子女需要充分理解老年人的需求，给予物质上和精神上的支持，向老年人传递感兴趣的信息。远离父母生活的子女应该尽量减少与父母的距离感，通过电话、视频等手段，保持与老年人的交流和沟通。及时关注社区、老年人活动小组、社区居委会、国家公共服务部门对老年人的相关政策与信息，及时向社区反映老年人的需求和意见，增进对家庭和父辈的了解，注重传承家庭观念与文化，强化家庭意识，增进家庭成员的感情。

最后，父母掌握的资源是提高老年人家庭地位的重要因素。对于城市生活的老年人来说，大部分老年人有养老保险且有一定的财富积累。对于这部分老年人，应该摒弃"供给者"身份，形成独立的家庭发展规划、家庭抗风险财产投资和管理。同时，子女要在老年人需要时给予补助。

三、老年人社会参与的社区情境建设

提升老年人社会参与方法的根本和关键在社区。第一，要了解和掌握老年群体的异质性特征，针对不同健康状况、不同受教育程度、不同家庭关系、不同性格喜好的老年人，设计不同的社会参与模式。例如，在条件允许的情况下，退休教师可以参加"银龄行动"等义务支教活动，而退休工人则可以担任工厂顾问，指导生产开展，真正做到"老"尽其用。同时，确保老年人获取社会参与信息，增加社会的老年人接纳度。获取信息的方法满足两个条件：一是在信息交流过程中保证老年人花费的时间和精力成本最小值；二是老年人以个人的意愿进行表达而不是子女代劳或是集体表达。政府具体可采用典型代表接触法、老年人调查、新通信技术推广、开拓老年人专门接触渠道等方法获取老年人社会参与意愿。

第二，进一步充实、完善相关法规、政策中有关老年人社会参与的内容，不仅使老年人意识到政策支持老年人社会参与，同时还能够通过切实有效的措施，保障老年人社会参与的顺利实现。应当避免将老年人社会参

与过度理想化，而要从我国老年人规模庞大、老龄事业发展相对滞后、涉老规章制度体系相对薄弱这一系列客观现实出发，紧紧围绕老年人社会参与的实际需求，构建真正以老年人为中心的社会参与体系，这需要政府、社会和老年人自身的共同参与和努力。

第三，促进社区和居委会在老年人社会参与中互动性的发挥。老年人社会参与的主要形式是自组织的文化娱乐活动，但是社区自组织需要通过与居委会的合作获得居委会的"官方认可"，以此为自身的成长创造条件，获取资源。社区公共空间的自主性发展必须得到认同，受到国家法律或政策的调节，才具有承担公共生活的合法性。社区自组织通过参与居委会组织的各种活动获得居委会的承认与支持，从而配合居委会的日常工作，这就获得了行政权威性资源的支持，其发展就会在获得居民认可的基础上具有了充分的空间和许多便利条件。文体娱乐性社区自组织可以利用居委会提供的场地、设施、资金补贴，满足自己的组织活动需求。另外，也可以以社区的名义参加街道和市里组织的各种比赛和演出。

第四，培养老年人社区精英也是居委会动员、组织居民的重要策略。社区精英是指具有一定的才能、在社区中享有声望的居民，他们或是在退休前担任行政领导职务，具有丰富的工作经验；或是具有一定的专业知识技术特长。正是这些地方精英促成了民意的一致，并运用其沟通力量将松散的居民凝结成共同体。居委会常常通过他们作为中介和桥梁，动员和引导普通居民的参与。居委会通过致力于发现社区活动中自发产生的积极分子和极力邀请有领导潜质的居民参与社区事务等方式，培养了一批社区精英。他们或是在各种文体娱乐性组织中担任老师和核心人物，或是在各种社区事务中发挥模范带头作用。虽然居委会在与居民的互动过程中占据主导地位，但是老年人在参与的过程中也不是被动地等待居委会对其活动的整合、吸纳，而是对社区参与有着积极的诉求，他们通过与居委会的互动，力图实现参与目的，满足利益需求，不断地扩大自身权力运作的自主空间。

第五，通过建立地方性互动网络动员居民参与社区事务和社区活动。随着单位制的削弱、资源配置方式的多元化及社区治理体制的变化，行政权威和各种资源有限的居委会已很难完全实现对居民的组织化动员。因此，居委会需运用种种策略建构一套以感情、人情、互惠和信任为基础的地方性互动网络，通过培育一个非正式的积极分子网络（包括社区离退休党员、楼门长、文艺骨干分子等），来获取他们的合作与支持。居委会在动员过程中需要培养愿意参与社区的老年人之间的感情并保持日常接触交流，通过获得这些老人的支持，开展社区的各项活动。

四、老年人社会参与的国家情境建设

1. 发展目标与阶段任务

老年人社会参与应以老年人为中心，强调老年人自身生理、心理特征和家庭代际关系方面的差异性与独立性及其对社会参与行为的影响，以实现自我价值和社会认同、获得家庭代际平衡为内部驱动力，激发老年人在经济、社会、文化、政治领域的全方位社会参与，这是老年人社会参与的总体发展思路。

老年人社会参与需要以适应老年人生理、心理特征、兴趣爱好为出发点，丰富老年人社会参与形式，拓宽其社会参与领域，提高老年人社会参与率，深化老年人社会参与程度，为老年人社会参与创造积极的社会文化环境和价值观。让老年人在熟悉、安全的环境下参与社会活动，增强老年人身体健康程度、心理调适能力和社会认同，促进社会的健康发展。以此为目标，需要建立一个无年龄界限的社会环境，并制定发展的短期、中期、长期目标，以此作为老年人社会参与阶段式的发展模式。

"十二五"时期，我国出现了第一个老年人口增长高峰，60岁以上老年人人数将由 1.78 亿增加到 2.21 亿，老年人口比重将由 13.3% 增加到 16%❶，人口老龄化进程将加快，社会养老保障和养老服务需求大量增加。《中国老龄事业发展"十二五"规划》要求在"十二五"期间，在促进老年人健康方面，健全覆盖城乡居民的社会养老保障体系和老年人基本医疗保障体系，基层医疗卫生机构为辖区内 65 岁及以上老年人开展健康管理服务；在制度保障和物质供给方面，增加老年文化、教育和体育健身活动设施，进一步扩大各级、各类老年大学（学校）办学规模。将 80% 以上退休人员纳入社区管理服务对象，基层老龄协会覆盖面达到 80% 以上，老年志愿者数量达到老年人口的 10% 以上。加快老年活动场所和便利化设施建设。在城乡规划建设中，充分考虑老年人需求，加强街道、社区"老年人生活圈"配套设施建设，利用公园、绿地、广场等公共空间，开辟老年人运动健身场所；加强老年人老年人精神文化生活，鼓励创作老年题材的文艺作品，增加老年公共文化产品供给。鼓励和支持各级广播电台、电视台积极开设专栏，加大老年文化传播和老龄工作宣传力度。支持老年群众组织开展各种文化娱乐活动，丰富老年人的精神文化生活。经常参加体育健身的老年人达到 50% 以；在社会参与内容和领域方面，扩大老年人社会参与，支持老年人以适当方式参与经济发展和社会公益活动，搭建服务平台，发挥老年人在社区服务、关心教育下一代、调解邻里纠纷和家庭矛盾、维护社会治安等方面的积极作用。积极做好"银龄行动"组织工作，广泛开展老年志愿服务活动，老年志愿者数量达到老年人口的 10% 以上。可见，"十二五"期间，我国老年人社会参与的重点领域集中在增强老年人健康保障、传播老年人积极的社会参与观、进一步加大老年人社会参与的物质供给和文体活动参与度方面。

2016—2030 年，我国人口老龄化日益加重，到 2030 年全国老年人口规

---

❶ 国务院办公厅.国民经济和社会发展第十二个五年规划纲要[R].北京:第十一届全国人大第四次会议,2011-3-14.

模将会翻一番,老龄事业发展任重道远❶。"十三五"规划对老年人社会参与建设,包括老年志愿者注册人数占老年人口比例、城乡社区基层老年协会覆盖率、老年人社会公共事务活动的参与率,进一步提高了标准,且指标更为精细化,注重在老年人社会参与中的城乡平衡、基层发展、社区服务、健康支持等。充分发挥社区在老年人社会参与中的引导和服务作用,提高社区自主性和人才培养,完善老年社会组织制度建设,推动老年人社会参与各项领域的制度完善是这一时期老年人社会参与发展的重点。

提高老年人社会公共事务性活动的参与率,开拓社区老年人"互帮互助"的志愿行活动,充分发挥老年人的社会价值;完善老年社会组织团体制度是这一时期老年人社会参与发展的重点。进一步发挥老年人在社会公共事务性参与和志愿公益性参与中的重要作用。

2030—2050年,世界老龄化将达到峰值,我国老年社会参与在各个领域将成为一种常态,全社会用于养老、医疗、照料、福利与设施方面的费用占GDP的比例将会急剧上升。同时,老年人面临家庭结构和规模的变动,抚养比上升,将会削弱家庭的养老功能,导致家庭养老的风险增加,家庭的代际矛盾显现化;社会公共资源的分配格局改变,将诱发社会代际利益分配的矛盾显现化。因此,需要积极开发老年人的功能,使老年人在社会各个层次、各个领域、各个年龄段都能发挥所长,成为整个社会良性运转的重要力量。此外,引导企业和社会组织的参与,发展和规范养老市场,发展老年人长期照护事业,为经济社会发展提供新的经济增长点。

2.建设重点与提升方法

第一,加强政府的主导作用,完善老年社会团体活动制度。调查显示,各类老年组织和非正式的活动小组在老年人社会参与中发挥着重要的

---

❶ 中央政府门户网站.国务院关于印发中国老龄事业发展"十二五"规划的通知[EB/OL].(2011-9-23)[2015-03-02].http://www.gov.cn/zwgk/2011-09/23/content_1954782.htm.

作用，可以一方面承接从政府剥离出的大量社会职能，另一方面灵活的组织形式和广泛的参与基础也成为老年人社会参与的有效补充和桥梁。同时，具备一定经验的活动小组可以向非营利组织延伸，代表老年成员争取参与权益，扩大影响力。通过活动规划、人员培训等方式，增进老年人的参与意识与技能，使其获得社会尊重。同时，政府要在制定法律法规、加强老年人组织协调、老年人社会参与物质供给等方面起主导作用。尽快出台老年群体组织的活动规范和安全规范，加强对企事业单位进驻老龄市场的监管和准入，加强对老年协会、老年社团组织的帮助和扶持，在老年活动中增强对活动场所、人员配备等方面的协调，为社区提供必要的经济支持；推动老年人社会参与标准化、信息化，推动对各项活动内容和相关设施进行技术规范和标准制定，充分利用现有的科学技术手段进行活动信息的发布与老年人参与意愿及意见收集，更好地简化参与程序、降低参与成本、提高监督和管理效率。

第二，全面探索老年人社会参与的新工作方法。对老年人社会参与的工作方法需要与时俱进，政府和社区要为老年人的社会参与活动提供更为细致的参与类型、目标，以及更为丰富的活动形式。同时，加强对为老服务工作人员的工作技巧的培训，引导不同年龄段老年人有针对性地参与各类社会活动。随着时代的进步，老年人对高科技手段的掌握越来越熟练，需要借助高科技手段和信息化媒介，将各个年龄段的老年人纳入社会参与中。

第三，积极广泛宣传老年人社会参与的文化。大力宣传，引导人们消除偏见，树立老年人社会化观念。通过宣传老年人先进事迹和民族传统尊老敬老观念，让社会认识到老年人人生经验丰富，具有坚定的政治立场和一定的专长，具有闲暇的时间和充沛的社会参与意愿与慈善精神，在处理生活事务、提供情感关怀、维护社区规范等方面能够发挥重要作用。发挥老年人在影响和教育下一代青少年尊老敬老、艰苦奋斗、勤俭节约、集体主义等民族传统文化精神方面的带头作用，鼓励、支持老年人在基层建设、社区文化建设和民主监督等方面积极参与，发掘老年人社会参与的社会价值，让老年人社会参与成为社会生活不可或缺的一部分。

第四，构建无障碍老年人社会参与平台。以社区为重点的老年人社会参与平台建设具有很强的现实性和可操作性。社会活动信息的获取、老年人参与意愿的表达、老年人再就业和权益维护都可以通过社区平台实现。社区的参与平台建设必须符合老年人的生理、心理特点，需要与老年人实现无障碍的连接与沟通，让老年人能够在家门口享受到社会参与的便利。同时，将老年人社会参与纳入社区居家养老服务体系中，发挥"以老助老"社区互助的新型社会养老模式，既能够帮助有需求的老年人接触社区环境，提高生活质量，又能够让身体健康的老年人发挥余热，奉献爱心，体现社会价值。在实际操作中，社区常常面临资金匮乏的窘境。为此，需要建立以老年人家庭赡养为核心，社区为依托的多元化资源整合机制，将老龄产业落脚到社区，发挥多元化供给网在物质供给、医护配备、活动设计、场地建设或租赁等方面的作用；为老年社会活动提供规范化的场地建设和活动标准，严格控制以老年人活动为名义的展销活动进入社区；鼓励老年自组织的活动小组，为其提供便利和支持；为老年人提供户外活动伤害险，为老年人在活动中受到的意外伤害提供保障。

综上，老年人社会参与是一个需要个人、家庭、社会多方参与并形成合力的事业。老年人自身要注重个人健康生活习惯的培养，建立终身学习的意识，提高社会认同，转变储蓄和消费观，为晚年的精彩生活做好准备；家庭要加大对老年人的日常照护和关心，鼓励老年人参与社会，主动与老年人分享社会活动的情感体验，帮助老年人解决在社会参与中遇到的问题，同时加强对老年人的经济支持，减轻老年人的生活负担；社会要提供健康的生活环境和完善可及的医疗服务，建立老年人互帮文化，提供基本的社会参与渠道与法律保障，从而使老年人成为人口老龄化形势下国家和社会可持续发展的宝贵资源。

参考文献

一、中文著作类

[1] 梅陈玉婵，南希·莫罗-豪厄尔，杜鹏.老有所为在全球的发展——实证、实践与实策[M].北京：北京大学出版社，2012.

[2] 费孝通.乡土中国[M].上海：上海人民出版社，2012.

[3] 费孝通.家庭结构变动中的老年赡养问题——再论中国家庭结构的变动[C]//费孝通社会学文集.天津：天津人民出版社，1985.

[4] 许晓茵，李洁明，等.老年利益论[M].上海：复旦大学出版社，2010.

[5] 宋宝安.当代中国老龄群体社会管理问题研究[M].北京：中国社会科学出版社，2009.

[6] 唐忠新.中国城市社区建设概论[M].天津：天津人民出版社，2000.

[7] 邬沧萍，杜鹏，姚远，等.社会老年学[M].北京：中国人民大学出版社，1999.

[8] 穆光宗.家庭养老制度的传统与变革：基于东亚和东南亚地区的一项比较研究[M].北京：华龄出版社，2002.

[9] 埃莉诺·奥斯特罗姆.制度性的理性选择：对制度分析和发展框架的评估[C]//保罗·A.萨巴蒂尔.政策过程理论.彭宗超，译.北京：生活·读书·新知三联书店，2004.

[10] 理查德·J.伯恩斯坦.社会政治理论的重构[M].黄瑞祺，译.南京：译林出版社，2008.67.

[11] 梁漱溟.中国文化要义[M].上海：学林出版社，1987.

[12] 何友晖.关系取向：为中国社会心理方法论求答案[C]//杨国枢.中国人的心理与行为.台北：桂冠图书公司，1989.

[13] 黄光国.人情与面子：中国人的权力游戏[M].台北：巨流图书公司，1991.

[14] 翟学伟.中国人行动的逻辑[M].北京：社会科学文献出版社，2001.

[15] 许国璋.中国大百科全书：国外文学二[M].北京：中国大百科全书出版社，1982.

[16] 丁纪平.市场营销学[M].北京：人民邮电出版社，2011.

[17] 林庶芝.年老过程的感知觉变化[G]//沈政.老年心理学与老年精神健康.北京：北京大学出版社，1986.

[18] 刘宝驹.社会变迁中的家庭——当代中国城市家庭研究[M].成都：巴蜀书社，2006.

[19] 杨国枢.中国人的心理[M].北京：中国人民大学出版社，2012.

[20] 郭于华.倾听底层：我们如何讲述苦难[M].桂林：广西师范大学出版社，2011.

[21] 马林诺斯基.两性社会学：母系社会与父系社会之比较[M].李安宅，译.上海：上海人民出版社，2003.

[22] 徐新，张钟汝.城市老龄社会政策的演进及挑战[M].桂林：广西师范大学出版社，2012.

[23] 李洁.当代我国城市老年文化研究[M].上海：上海人民出版社，2012.

[24] 宋宝安.当代中国老龄群体社会管理问题研究[M].北京：中国社会科学出版社，2009.

[25] 孙龙.公民参与——北京城市居民态度与行为实证研究[M].北京：中国社会科学出版社，2011.

[26] 郭志刚.社会统计分析方法——SPSS软件应用[M].北京：中国人民大学出版社，1999.

[27] 王德文，谢良地.社区老年人口养老照护现状与发展对策[M].厦门：厦门大学出版社，2013.

[28] 杜本峰.事件史分析及其应用[M].北京：经济科学出版社，2008.

[29] 许晓茵，李洁明.老年利益论[M].上海：复旦大学出版社，2010.

[30] 丁少华.小组工作[M].北京：社会科学文献出版社，2003.

[31] 黄耀明.老年社会工作理论与实践[M].长春：吉林大学出版社，2008.

[32] 刘梦.小组工作[M].北京：高等教育出版社，2003.

[33] 秦谱德，谭克俭，王进龙，等.应对人口老龄化战略研究[M].北京：社会科学文献出版社，2013.

[34] 赵春鸾.北京市第二次全国残疾人抽样调查课题研究论文集[G].北京：华夏出版社，2008.

[35] 凯瑟琳·麦金尼斯-迪特里克.老年社会工作：生理，心理及社会方面的评估与干预[M].第二版.北京：中国人民大学出版社，2008.

[36] 戴维·L.德克尔：老年社会学[M].天津：天津人民出版社，1986.

[37] 威廉·费尔丁·奥格本.社会变迁——关于文化和先天的本质[M].王晓毅，陈玉国，译.杭州：浙江人民出版社，1989.

[38] 陈树强.成年子女照顾老年父母日常生活的心路历程[M].北京：中国社会科学出版社，2003.

[39] 龚晓洁，张剑.人类行为与社会环境[M].济南：山东人民出版社，2011.

[40] 袁缉辉.当代老年社会学[M].上海：复旦大学出版社，1989.

二、中文论文类

[1] 白战伟，李树培.我国财政政策和货币政策时滞的测算[J].中央财经大学学报，2010（4）：1-5.

[2] 陈春，王大涛.高效老年人幸福度的调查分析——以西部省份某高校为例[J].中国老年学杂志，2012（9）：3980-3982.

[3] 陈茗，林志婉.城市老年人参与社会公益活动的意愿及其影响因素[J].人口学刊，2004（3）：30-34.

[4] 陈昫.老年人社会参与"嵌入性"问题分析[J].老龄科学研究，2014（1）：29-37.

[5] 陈为民.我国家庭政策的发展路径及目标选择[J].人口研究，2012（4）：29-36.

[6] 段桂艳.城市老年人社会参与度研究[D].北京：中央民族大学，2012.

[7] 杜鹏，李兵.生命进程理论和方法及其对老龄政策的意义[J].浙江学刊，2007（3）：5-9.

[8] 丁志宏.我国老人异地养老意愿的实证研究[J].兰州学刊，2012（6）：129-133.

[9] 丁志鸿，王莉莉.我国社区居家养老服务均等化研究[J].人口学刊，2011（5）：83-88.

[10] 费爱华.情境的类型及其运作逻辑[J].广西社会科学，2007（3）：178-181.

[11] 关维俊，庞淑兰，等.T市部分社区老年人幸福度及相关因素分析[J].中国老年学杂

志，2015（20）：23-25.

[12] 高红英，苗元江.影响老年人幸福感的因素探析[J].江西社会科学，2008（11）：198-201.

[13] 高美红.新时期我国老年人社会福利政策制定的依据研究[J].新疆社科论坛，2008（2）：75.

[14] 黄育馥.美国社会老年学理论浅谈[J].国外社会科学，1984（11）：20-24.

[15] 黄枝连.论社会情境的结构形态及其变革处理[J].中国社会科学，1987（1）：193-208.

[16] 黄润龙.我国空巢老人家庭状态[J].人口与经济，2005（2）：7.

[17] 贺雪峰.农村家庭代际关系的变动及其影响[J].江海学刊，2008（4）：34.

[18] 贺雪峰，郭俊霞.试论农村代际关系的四个维度[J].社会科学，2012（7）：69-78.

[19] 胡汝泉.老年社会学的对象、领域和作用[J].社会学研究，1988（2）：26-30.

[20] 姜振华.社区参与：对社区居民与居委会互动关系的透视[J].中国青年政治学院学报，2007（3）：114-120.

[21] 姜振华.城市老年人社区参与的现状及原因探析[J].人口学刊，2009（5）：39-43.

[22] 姜向群.北京市老年人异地养老意愿分析[J].北京社会科学，2012（2）：33-37.

[23] 姜向群.对"异地养老"的概念及其实践活动的质疑[J].人口研究，2006（4）：42.

[24] 孔泾源.中国经济生活中的非正式制度安排[J].经济研究，1992（7）：70-80.

[25] 李宗华，李伟峰，高功敬.城市老年人社区参与意愿的影响因素分析[J].山东社会科学，2011（3）：112-117.

[26] 李宗华，高功敬，李伟峰.基于logistic模型的城市老年人社区参与影响因素分析[J].学习与实践，2010（11）：101-110.

[27] 李芬.异地养老者的特征：异地养老模式的机遇与挑战[J].人口与发展，2012，18（4）：62-66.

[28] 李亚妮.隔代抚养下的亲子关系分析[J].社会研究，2010（9）：53.

[29] 李兵，杜鹏.老龄社会学理论：研究现状和政策意义[J].人口研究，2005（4）：66-72.

[30] 刘亚芳.老年人主观幸福感的实证分析[J].南京人口管理干部学院学报，2011（2）：

25-30.

[31] 刘岩，刘威.从"公民参与"到群众参与——转型期城市社区参与的范式转换和实践逻辑[J].浙江社会科学，2008（1）：86-92.

[32] 刘桂莉.眼泪为什么往下流？——转型期家庭代际关系倾斜问题探析[J].南昌大学学报（人文社会科学版），2005（6）：1-8.

[33] 鲁元平，张克中.老有所乐吗？——基于退休与幸福感的实证分析[J].经济管理，2014（8）：168-178.

[34] 林勇强，史逸.城市老年人室外休闲行为初探——以老年人室外活动场地设计为例[J].规划师，2002（7）：81-84.

[35] 兰建平，苗文斌.嵌入性理论研究综述[J].技术经济，2009（1）：37.

[36] 穆光宗.关于"异地养老"的几点思考[J].中共浙江省委党校学报，2010（2）：19-24.

[37] 裴晓梅.从"疏离"到"参与"：老年人与社会发展关系探讨[J].学海，2004（1）：113-120.

[38] 亓寿伟，周少甫.收入、健康与医疗保险对老年人幸福感的影响[J].公共管理学报，2012（1）：100-107.

[39] 孙丽燕.20世纪末中国家庭结构及其社会功能的变迁[J].西北人口，2004（5）：13-16.

[40] 唐仲勋，叶南客.国外老年社会学的其中理论模式[J].国外社会科学，1988（11）：66-70.

[41] 王翠.不同健康状况的老年人社会参与和主观幸福感的关系研究[D].长沙：湖南师范大学，2011.

[42] 王莉莉.中国老年人社会参与的理论、实证与政策研究综述[J].人口与发展，2011（3）：35-43.

[43] 王晓松.浅析中国文化背景下影响老年人幸福感的因素[J].社会心理科学，2013（8）：87-90.

[44] 王小章，冯婷.城市居民的社区参与意愿[J].浙江社会科学，2004（4）：99-104.

[45] 王跃生.中国家庭代际关系的理论分析[J].人口研究，2008，7（4）：13-21.

[46] 王树新."异地养老"应自由选择量力而行[J].人口研究,2006(4):42.

[47] 王树新.北京市人口老龄化与积极老龄化[J].人口与经济,2003(4):1.

[48] 王海涛,杨贵星,周利生.关于北京市宣武区社区居家养老模式初探[J].西北人口,2007(3):47-52.

[49] 韦璞.老年妇女社会参与现状及其影响因素[J].市场与人口分析,2007(6):7-12.

[50] 邬沧萍.论老年学的形成、研究对象和科学性质[J].中国人民大学学报,1988(2):1-11.

[51] 吴帆,李建民.中国人口老龄化和社会转型背景下的社会代际关系[J].学海,2010(1):35-41.

[52] 肖水源.社会支持对身心健康的影响[J].中国心理卫生杂志,1987(4):183-187.

[53] 熊跃根.中国城市家庭的代际关系与老人照顾[J].中国人口科学,1998(6):15-21.

[54] 杨文杰,韦玮.日本对人口老龄化问题所采取的对策及对我国的启示[J].日本问题研究,2000(2):27-30.

[55] 杨宗传.再论老年人口的社会参与[J].武汉大学学报(人文社会科学版),2000(1):61-65.

[56] 杨风雷,陈甸.社会参与、老年健康与老年人力资源开发[J].劳动保障世界,2011(12):34-37.

[57] 张娜.欠发达中小城市老年人社区参与影响因素分析[J].社会保障研究,2015(2):23-27.

[58] 张康之.论集体行动中的价值、规则与规范[J].天津行政学院学报,2014(4):3-11.

[59] 张康之.论集体行动中的规则及其作用[J].党政研究,2014(2):11.

[60] 张莉莉.试析国人家庭观的嬗变[J].重庆科技学院学报(社会科学版),2008(8):43-52.

[61] 张卫东,林喜红.城市老年人社会支持利用度研究[J].心理科学,1997(20):414-417.

[62] 翟学伟.中国人际关系的特质[J].社会学研究,1993(4):74-83.

[63] 曾毅,李伟,梁志武.中国家庭结构的现状、区域差异及变动趋势[J].中国人口科

学，1992（2）：1-12.

[64] 周长洪.中国家庭结构变化的几个特征及其思考[J].南京人口管理干部学院学报，2014（4）：3-8.

[65] 周怡.代沟现象的社会学研究[J].社会学研究，1994（4）.

三、英文著作类

[1] HAVIGHURST R J，ALBRECHT R.Older people [M].New York:Longmans，Green, 1953.

[2] KENYO NG，CLARK P，VRIES B DE.Narrative gerontology:theory,research, and practice[M]. New York: Springer, 1963.

[3] BIRREN J E，BENGTSON V L.Emergent theories of aging [M]. New York：Springer, 1965.

[4] MAVES P B.Aging,religion and the church：handbook of social gerontology[M]. New York：Springer Publishing Company, 1988.

[5] CANLAN G.Support system and community mental health [M]. NewYork:Basic books,1974.

[6] LUSTBADER W，HOOYMAN N R.Taking care of aging family members [M]. NY:The Free Press,1994.

[7] BIRREN J E，SCHAIE K W.Handbook of the psychology of aging [M]. San Diego,CA：Academic，1996.

[8] WILLIS S L.Everyday problem solving [M]. San Diego：Academic, 1996.

[9] ATCHLEY R C.Social force and aging [M]. California：Wadsworth Publishing Company, 1985.

[10] KIVNICK H Q.The meaning of grandparenthood [M]. Ann Arbor:University of Michigan Research press, 1982.

[11] COLEMAN J S.Foundations of social theory [M]. Harvard：Harvard University Press, 1990.

四、英文论文类

[1] BULTER R N.Ageism：another form of bigotry [J]. Gerontologist,1969（9）：234-246.

[2] PHILIPS B S.A role theory approach to adjustment in old age [J]. American Sociological Review, 1957 (22): 212-217.

[3] EKWALL A, K SIBERG B, HALLBERG I R.Loneliness as a predictor of quality of life among older caregivers [J]. Journal of advanced Nursing, 2005, 49 (1): 23-32.

[4] EDWARDS S, MONICA E.Fostering quality of life through social innovation: a living lab methodology study case [J]. Review of Policy Research, 2012 (29): 672-692.

[5] ATCHLEY R C. A continuity theory of normal aging [J]. The Gerontologist, 1989 (11): 13-17.

[6] ALPASS F.Independence, well-being, and social participation in an aging population [J]. Annals of the New York Academy of Sciences, 2007 (1): 241-250.

[7] HINTERLONG J E.Productive engagement and late life physical and mental health [J]. Research on Aging, 2007 (29): 348.

[8] EDWARDS O.Teachers perceptions of the emotional and behavioral functioning of children raised by grandparents [J]. Psychology in the Schools, 2006 (43): 565-572.

[9] FERRARO K F. Widowhood and social participation in later life [J]. Research on Aging, 1984 (4): 348.

[10] CHEUNG-MING ALFRED CHAN, JR-SHIUAN EMILY LIANG.Active aging: policy framework and applications to promote older adult participation in Hong Kong [J]. Ageing Int 2013 (38): 28-42.

[11] BOOTE J, BAIRD W, BEECROFT C.Public involvement at the design stage of primary health research: a narrative review of case examples [J]. Health Policy, 2010, 95 (1): 10-23.

[12] ZBOROWSKI M, EYDE L D.Aging and social participation [J]. The Jorunal of Gerontology, 2013 (17): 424-430.

[13] GRANOVETTER M.The strength of weak ties [J]. American Journal of Sociology, 1973, 78 (5): 1360-1380.

[14] SALTHOUSE T A.Shifting levels of analysis in the investigation of cognitive aging [J]. Human Development, 1992 (35): 321-342.

[15] PINQUART M，SCHINDLER I.Changes of life satisfaction in the transition to retirement: a latent-class approach [J]. Psychology and Aging，2007，22（3）：442-455.

[16] JOKELA M，FERRIE J E.From midlife to early old age: health trajectories associated with retirement [J].Epidemiology， 2010（21）：284-290.

[17] BARRETT G，KECMANOVIC M.Changes in subjective well-being with retirement: assessing savings adequacy [J]. Applied Economics，2013（35）：4883-4893.

[18] BUKOV A，MAAS I，LAMPERT T.Social participant in very old age [J]. The Journals of Gerontology Series B:Psychological Sciences and Social Sciences， 2002，57（6）：510.

[19] KYDLAND F E，PRESCOTT E C.Rules rather than discretion: the inconsistency of optimal plans [J]. Journal of Political Economy，1977（85）：473-92.

[20] FIELD F E.A critique of the vroom-yetton contingency model of leadership behavior [J]. Academy of Management Review，1979（4）：249-257.

[21] COBB S.Social support as a moderator of life stress [J]. Psychosomatic Medicine，1976，38（5）：300 - 314.

五、电子文献

[1] 联合国经济及社会理事会.2002年老龄问题国际行动战略[EB/OL].（2001-12-10）[2016-04-03].纽约：联合国社会发展委员会. http://101.96.10.63/www.un.org/chinese/esa/ageing/pdf/Ecn520077.pdf.

[2] 世界人口老龄化1950—2050[EB/OL].（2000-5-25）[2014-9-18].http://www.un.org/esa/population/publications/worldageing19502050/index.htm.

[3] 世界卫生组织.2013年世界卫生报告：全民健康覆盖的主要内容[EB/OL].（2013-09-16）[2015-01-02].http://www.who.int/whr/2013/main_messages/zh/.

[4] 美国国家经济研究局.亚洲2008—2050年的老年人口比例[EB/OL].（2010-10-04）[2013-03-08].http://www.nber.org/chapters/c8144.pdf.

附　　录

附录1　调查问卷A：城市老年人社会参与态度及意愿问卷调查

尊敬的老年朋友：

您好！为了更好地了解老年人生活需求，促进老年人社会参与，特此设计了一份调查问卷。问卷采取匿名填写方式，问卷答案不分对错，只作为学术研究分析使用。请您认真填写，感谢您的热情参与！

一、基本情况

1.您的年龄＿＿（周岁）

2.您的性别：男　女

3.您的文化程度：

（1）文盲　　（2）小学　　（3）初中　　（4）高中、中专

（5）大专/本科及以上

4.您目前的年收入（包括子女供给）：

（1）无收入　（2）1万元以下　（3）1万～3万元　（4）3万～6万元

（5）6万～12万元　（6）12万元以上

5.您目前的婚姻状况：

（1）未婚　　（2）有配偶　（3）丧偶　　（4）离异　　（5）再婚

6.您的居住方式：

（1）独居 （2）与配偶同住 （3）与配偶和子女同住 （4）其他

7.您觉得自己的经济状况如何？

（1）较好（有月收入且能够供给子女） （2）一般（有收入）

（3）较差（需要靠子女供给）

8.您的户籍地：

（1）本地户籍 （2）非本地户籍 （如您非本地户籍请回答8.1题）

8.1您原居住地为__，您迁居唐山的原因是__，您已在本地生活__年。

9.您觉得身体状况如何？

（1）非常好 （2）较好 （3）中等 （4）较差 （5）非常差

10.您平日的闲暇时间如何？

（1）非常多 （2）较多 （3）中等 （4）较少 （5）非常少

11.您是否是中共党员？是 否

12.您正式退休前从事的职业是什么？

（1）国企员工 （2）个体工商业者

（3）政府机关事业单位工作人员 （4）其他

二、参与社会活动情况

1.过去一年是否参与过以下社会活动？[多选题]

（1）文化娱乐、体育活动

（2）社会、社区公共事务（选举、投票等）

（3）联谊、结对活动

（4）出行旅游

（5）志愿者服务（捐款、捐物、社区清洁、助学等）

（6）慈善活动

（7）学习、培训活动

（8）再就业活动

2.过去五年是否参加过业主委员会的推选活动？是　否

3.过去五年是否参加过居民委员会的直选活动？是　否

4.如果条件允许，您是否愿意参与下列活动？[多选题]

（1）文化娱乐、体育活动（2）社会、社区公共事务（选举、投票等）

（3）联谊、结对活动　　（4）出行旅游

（5）志愿者服务（捐款、捐物、社区清洁、助学等）

（6）慈善活动（7）学习、培训活动（8）再就业活动

三、参与渠道与方法

1.您通过哪些渠道获得官方、社区老年活动信息？[多选题]

（1）网络　　（2）电视广播　　（3）报刊杂志　　（4）现场宣传

（5）亲朋好友

2.您通过哪些渠道获取当地老年活动（免费文艺演出、老年大学等）的信息？[多选题]

（1）网络　　（2）电视广播　　（3）报刊杂志　　（4）社区宣传

（5）单位宣传（6）亲人告知　　（7）朋友告知　　（8）其他

3.您对社区生活产生不满之时，曾经采用过下列哪种方式进行表达？[多选题]

（1）默默忍耐　　（2）向家人倾诉（3）向朋友诉说

（4）没向社区居委会、业主委员会反映

（5）找政府相关职能部门反映　　（6）找媒体反映

（7）向第三部门反映　　（8）利用法律手段　　（9）网上发布不满

4.您倾向于哪种方式表达社会参与需求？[多选题]

（1）社区座谈会/交流会等　（2）入户走访（面对面交流）

（3）电话访问　　（4）网络平台　　（5）文字/信件/短信

（6）匿名投票　　（7）现场打分器

（8）报纸杂志等公开发表文字，接受采访　　（9）其他

5.如果您对活动不满,通常选择的表达对象是? [多选题]

(1) 配偶、子女或其他亲属　　(2) 朋友　　(3) 第三部门机构

(4) 社区服务者　　(5) 政府机关　　(6) 高校/学术机构

(7) 养老机构负责人　　(8) 报纸/记者等新闻媒体

(9) 原单位/公会　　(10) 其他

6.您参与社会活动需要哪方面的支持? [多选题]

(1) 交通　　(2) 场地　　(3) 资金　　(4) 信息

(5) 饮用水、休息室、阅读室、电脑、健身器材等设施

(6) 身体健康检查　　(7) 安全保障

7.目前的老年社会活动是否足够?

(1) 很不够(2) 比较不够(3) 一般(4) 比较足够(5) 非常够

8.您会参与以下哪种社会活动? [多选题]

(1) 社区居委会组织

(2) 社区成员代表大会和业主委员会

(3) 政府、老龄事务管理机构举办大型活动

(4) 公益机构组织的活动

(5) 居民自发组织的社区小社团活动

(6) 企业或原工作单位组织的退休职工活动

9.您参与的活动类型是下列哪种?

(1) 正式活动 (2) 自发组织的活动 (3) 两者均有

四、观念与意愿　(以下说法,您同意的请打√)

观点	赞同	不赞同	说不清
1.社会越来越复杂,我们老年人不用参与			
2.服务社会是年轻人的事,老年人不用管			
3.老年人应承担自己社区中力所能及的事			

续表

观点	赞同	不赞同	说不清
4. 老年人是社会的重要一员,能够体现自身的价值			
5. 老年人在全社会中能够得到他人的尊重和支持			
6. 老年人在与公共部门打交道能够得到优待和礼遇			
7. 老年人在社区中享受尊敬和关照			
8. 老年人没有任何特别			
9. 家人不同意我便退出活动			
10. 我会考虑家人反对参与的理由,但还是自己做决定			
11. 参与活动是我自己的事,无须家人意见			
12. 是否参与活动仍然自己拿主意,但是家人反对会影响心情			
13. 即使家人反对,我也可以愉快地参与活动			
14. 在活动时我关注周围人的态度和评论			
15. 他人的反对或嫌弃会使我放弃参与			
16. 只要感兴趣,我不会在意别人的看法			
17. 我能很自然地和别人谈起我参加的活动			
18. 我会主动打听别人对我参与活动的意见			
19. 不管在什么场合,老年人能够做到的始终比不上年轻人			
20. 老年人能力不足,不能承担社会公共事务责任			
21. 老年人的社会活动是自娱自乐的行为,对社会发展并没有实质上的帮助			
22. 老年人的知识、经验对社会没有帮助			
23. 老年人是很难学会使用新科技设备的			
24. 老年人对社会的依赖和需求过多			
25. 参与社会活动的老年人很有活力、易亲近			
26. 老年人应该减少出行			
27. 我愿意外出去参加感兴趣的活动,或是和其他人打交道			
28. 我可以成为活动组织者,担负起组织老年人活动的责任			
29. 家人心理上认同我的参与,认为是有意义的			
30. 我感觉其他人赞许、鼓励我参与社会活动			
31. 参加社会活动是一部分身体好、有地位、先进积极的老年人的事,而不是所有的老年人			

五、社会与家庭支持

1.您平时是否容易找到倾诉对象？

（1）非常容易　　（2）比较容易　　（3）一般

（4）不太容易　　（5）很不容易

2.您是否去邻居家串门？

（1）经常去（2）偶尔去（3）一般（4）不常去（5）从不去

3.你对周围的住户是否熟悉？

（1）非常熟（2）比较熟（3）一般（4）基本不熟（5）完全不熟

4.您对社区/居委会工作者是否熟悉？

（1）非常熟（2）比较熟（3）一般（4）基本不熟（5）完全不熟

5.您所在的社区是否经常组织老年人的社会活动？

（1）经常　（2）偶尔（3）很少

6.您认为现今哪些因素阻碍了您的社会参与？[多选题]

（1）没有参与渠道　　（2）不了解活动信息　（3）家人不支持

（4）没有时间和精力　（5）不具备文化水平　（6）健康因素

（7）对活动不感兴趣　（8）其他

7.您居住的社区室外可供活动空间是否足够？

（1）足够　　　（2）一般　　（3）不足

8.您居住的社区室内场馆数量足够？

（1）足够　　　（2）一般　　（3）不足

9.您居住的社区交通是否便利？

（1）很方便　（2）一般　　（3）不方便

10.您是否知道当地政府老年服务部门的地址或联系方式？

（1）完全知道　　　（2）部分了解　　（3）不知道

11. 您与家人的交流频率：

（1）每半年 （2）每天 （3）每周 （4）每月 （5）不一定

12. 子女与自己居住距离是：

（1）同住 （2）同社区/街道 （3）同一个市/区 （4）同一个省份

（5）同一个国家

13. 您的朋友数量：

（1）2个及以下 （2）3~5个 （3）5个以上 （4）无朋友

14. 最近一个月，您经常感到哪种情绪？[多选题]

（1）开心 （2）悠闲 （3）充实 （4）不安

（5）失落 （6）孤独 （7）无聊 （8）其他

15. 您觉得您目前的生活是否幸福？

（1）非常幸福 （2）比较幸福 （3）一般

（4）不太幸福 （5）非常不幸福

16. 您是否感觉自身社会参与的需求得不到满足？

（1）经常 （2）偶尔 （3）很少 （4）从未

17. 您希望有以下哪些改进措施？[多选题]

（1）为老年人提供更丰富的活动内容和种类

（2）活动内容和方式征询老年人意见

（3）提高活动组织者的水平和素质

（4）增添活动趣味性和价值性

（5）在老年人活动集中区域设置便利、安全的交通

（6）为老年人提供热水、保健医生、指导老师等

（7）为老年人参与活动提供保险

（8）以上均无

18.您了解下列哪项与老年人有关的国家政策?

相关政策	没听说过	有了解	自己或周围有人参与或享受到这项政策
城镇居民养老保险			
城镇居民医疗			
老年人优待证			
老年人文化活动服务站(点)			
社区健康老年人志愿者队伍			
"银龄行动"			
社区活动中心			
社区服务信息平台			
养老护理员和管理人员持证上岗			
社区服务标准			
高龄补贴			

问卷到此结束,祝您生活幸福,身体健康!

附录2　调查问卷B：中年人社会参与态度与体验情况调查

尊敬的朋友：

老年人社会参与是全社会共同关注的话题。为了更好地帮助政府部门改进为老服务工作，特此设计了一份调查问卷。问卷采取匿名填写方式，问卷答案不分对错，只作为学术研究分析使用。问卷大概会占用您10分钟的时间，希望您能够认真填写，感谢您的热情参与！

1. 您工作的单位属于哪个行业？

   A.电力部门　B.通信/电信运营　C.教育/培训　D.中介/法律咨询

   E.餐饮/娱乐/旅游/酒店/生活服务　F.公共交通部门

   G.保洁/家政服务　H.政府机构　I.其他

2. 您在工作中是否经常遇到老年对象？

   A.经常遇到

   B.偶尔遇到

   C.很少遇到

   D.从未遇到

3. 您的单位是否对老年人提供专门的服务？

   A.有专门的服务项目且在工作中有所体现

   B.有专门的服务项目但并未在工作中有所体现

   C.无专门服务

4. 是否有与老年人共同参与某项活动的经历？

   A.经常进行

   B.偶尔进行

   C.进行过，但次数极少

   D.从未进行

5.您对社会活动中遇到的老年人持何种态度？

A.有些烦恼

B.非常愉快

C.其他

6.您觉得与其他年龄段相比，与老年人共同参与社会事务的感受更接近以下哪几点？[多选题]

A.对他人要求更多

B.消费能力更低

C.沟通更困难

D.易发生冲突

E.都不符合

请填写您的个人信息

性别_____

年龄_____

月收入_____元

感谢您的配合！

附录3　访谈提纲

1. 你与配偶之间的关系、子女的关系、邻里关系如何？您与亲戚之间的相互走访情况如何？
2. 您去年参加了什么慈善活动吗？是谁组织发起的？您为什么想参与其中？
3. 您是怎么知道活动的时间和地点这些信息的？
4. 您觉得现在住的社区跟10年前有什么变化？社区的管理者还是原来的吗？您觉得现在社区里的朋友多吗？您能否跟我谈谈以前的社区是什么样子？
5. 您为什么不想/想参加这个活动？家里人支持吗？您觉得参与这个活动给您带来最大的好处是什么？障碍是什么？
6. 你在家里发挥什么作用？子女是否跟您亲近？
7. 你觉得老人和成年儿女之间应该是一种什么样的关系？您与子女之间是否有共同的话题可交谈？您怎么形容您在家里的地位和作用？
8. 您认为理想的晚年生活状态应该是什么样？
9. 您有什么兴趣爱好？
10. 您是否与其他老人一起参加社区活动？
11. 您怎样看待社区组织的文化活动？
12. 您外出的时候，一般会和谁一起？
13. 您和谁经常来往，他们都是什么样的人？
14. 当您想参与社区活动，需要人帮忙时候，您会找谁来帮忙？
15. 您平时是否关注新闻，如果有，您从什么渠道获取？
16. 您所在的社区是否经常举办文化娱乐活动？
17. 您退休之前从事什么工作？可以和我们谈谈您的经历吗？
18. 退休前和退休后，您有哪些不适应？
19. 您不开心的时候会找谁聊天？
20. 您对老年人参与竞选、社区管理怎么看？

附录4 访谈对象编号列表

序号	访谈记录编号	信息
1	GGB201301	男,80多岁,原××文化宫工作人员
2	GGB201302	女,62岁,B小组活动参与者
3	GGB201303	女,61岁,A小组活动参与者
4	GGB201304	女,64岁,A小组活动参与者
5	GGB201305	女,43岁,D小组参与者的女儿
6	GM201301	男,54岁,G区民政局工作人员
7	HQ201301	男,60岁,普通市民,退休职工
8	HQ201302	女,61岁,普通市民,退休职工
9	HT201301	女,60岁,普通市民,退休教师
10	HT201302	女,64岁,普通市民,退休干部
11	HT201303	男,67岁,普通市民,退休干部
12	GYJ201301	女,65岁,J社区业主委员会委员
13	GYJ201308221	男,64岁,曾经当兵,目前和儿子一家住在T市,自评身体状况较好
14	LB201308251	男,63岁,退休前为国企职工,目前和儿子一家住在T市
15	GYJ201308222	女,62岁,目前在社区早市出摊
16	GYJ201308223	女,66岁,丧偶,与儿子一家住在T市
17	LB201308252	女,72岁,丧偶,与儿子一家住在T市
18	LB201308252	男,84岁,独居,四个儿女轮流照料
19	LB201308253	女,67岁,农民,丧偶,与女儿同住
20	HT20130901	男,63岁,目前做些小生意,与子女在同一个区,不同街道
21	HT20130902	男,66岁,退休职工,与子女住在同一小区
22	HT20130903	女,64岁,农民,丧偶,与女儿同住
23	HT20130904	女,68岁,玻璃钢厂退休职工,与子女住同一街道
24	HT20130905	女,62岁,林业局退休职工,住房与子女相隔不远
25	HCFD201301	男,66岁,退休教师,与子女同住